走进"一带一路"丛书

七珍镶嵌的海湾明珠
阿联酋

刘 彬 编著

The United Arab Emirates

浙江工商大学出版社
ZHEJIANG GONGSHANG UNIVERSITY PRESS

·杭州·

图书在版编目(CIP)数据

七珍镶嵌的海湾明珠：阿联酋 / 刘彬编著. — 杭州：浙江工商大学出版社，2019.11
（走进"一带一路"）
ISBN 978-7-5178-3289-8

Ⅰ.①七… Ⅱ.①刘… Ⅲ.①阿拉伯联合酋长国—概况 Ⅳ.①K938.7

中国版本图书馆 CIP 数据核字(2019)第 119760 号

七珍镶嵌的海湾明珠——阿联酋
QI ZHEN XIANGQIAN DE HAIWAN MINGZHU —— ALIANQIU

刘　彬　编著

责任编辑	张婷婷
封面设计	林朦朦
责任校对	穆静雯
责任印制	包建辉
出版发行	浙江工商大学出版社
	（杭州市教工路 198 号　邮政编码 310012）
	（E-mail:zjgsupress@163.com）
	（网址:http://www.zjgsupress.com）
	电话:0571-88904980,88831806(传真)
排　　版	杭州朝曦图文设计有限公司
印　　刷	杭州高腾印务有限公司
开　　本	880mm×1230mm　1/32
印　　张	5.375
字　　数	125 千
版 印 次	2019 年 11 月第 1 版　2019 年 11 月第 1 次印刷
书　　号	ISBN 978-7-5178-3289-8
定　　价	49.80 元

‖ 目　录 ‖

◈ 开篇

◈ 上篇

◈ 中篇

◈ 下篇

◈ 后记

开篇

古人诗云："横看成岭侧成峰,远近高低各不同。"如果将这一诗句作为对阿联酋国家形象的注解,那是再妥帖不过的了。

阿拉伯联合酋长国,简称阿联酋,一块曾经寂寂无名的炎热荒漠之地,在坐拥石油财富后,建国仅仅 10 年时间就实现了人均年收入 2.6 万美元,并因此名冠全球。这种翻天覆地的巨变本身就让人感受到资本魔力作用下一个国家"一夜暴富"的云谲波诡,从而也使得这个阿拉伯世界最为年轻的国度自此成为人们广为关注、争议不绝的话题。

有人说它自然条件恶劣、不宜人居,但也有人心仪它温和湿润的冬季,每年有成千上万的游客去感受它的冬日温暖和独特风光。有人认为这里一度封闭保守、蛮荒不化,殊不知早在公元前 6000 年前,这里的人们就开始在阿拉伯半岛沿海地区、美索不达米亚和印度河流域之间建立错综复杂的贸易路线,"他们用矿物资源制作出精美的玻璃器皿……他们愿意花时间去串珠子,倾听复杂的传说,并通过对死亡的重视来表达他们对生命的热爱"①。有人说它是用财富和奢华堆砌而成的现代神话之邦,七星级酒店、世界最大人工岛、世界第一高楼、世界最大购物中心,用一个个"世界之最"和物欲的魅惑去实现这个

---

① 　[德]安德烈·舒尔特佩斯特、[英]珍妮·沃克:《迪拜和阿布扎比》,王靖译,中国地图出版社 2015 年版。

富裕国家的野心和"国王的梦想",但也有人关注到浮华掩映下沉睡的清真寺和古老的独桅帆,当祈祷时刻来临,高塔上传来的宣礼声遥相呼应,悸动的城市仿佛在顷刻间停顿下来,让人感受到这个传统阿拉伯国家古老原味的伊斯兰气息。

下面几个事例或许更能生动地说明身处舆论旋涡的阿联酋在不同评价者的不同视角下呈现出的差异化形象,甚至可以说是大相径庭。

对于石油财富带来的富裕生活以及阿联酋政府开放务实政策实现的国家振兴,来自科威特的女作家哈达耶·苏尔妲·萨利姆不乏溢美之词。她认为,阿联酋等海湾国家是自己命运的真正主宰者,它们珍视来之不易的民族国家独立,同时它们自己能够解决自己的问题,它们能够用劳动、复兴和进取来创造自己的未来。

一位客居阿联酋的伊拉克学者则隐晦地表示,阿联酋等海湾小国的经济腾飞,得益于它们有一批聪明的领袖,愿意用石油换来的金钱和他们自己的方法购买他们想要的现代化。

然而更为有趣的是,一位名叫威尔弗雷德·赛西杰的英国探险家在 20 世纪三四十年代曾同阿拉伯半岛的贝都因部落一起穿越沙漠,他曾将那些游牧民描绘为"天生的冒险家"和"英勇的民族";但当阿联酋发现了石油,现代化的气息随着湿热的海风吹开牧民的帐幔时,探险家曾悲观地预言,实利主义将引诱进而毁灭原本古老而高贵的生活方式;当晚年受邀重返阿联酋时,也对今非昔比、迅猛发展的现代城市嗤之以鼻,称之为"阿拉伯的噩梦"和"最终的幻灭"。①

---

① [英]乔·班尼特:《看不见的迪拜——一个西方人的亲历记》,秦竞竞译,陕西人民出版社 2013 年版。

　　《纽约时报》的一篇文章则认为,阿拉伯世界里再也找不到另一个迪拜。也许,迪拜会为世界的未来提供一个文化上和经济上的模板。

　　阿联酋,一个因石油大发现而注定充满故事的传奇国度,它因开放而为人们熟知,层出不穷的"世界之最"与建筑奇观不断刷新着人们对它的了解和认知,并提醒着人们其不同凡响的存在;同时它又是陌生而神秘的,生动活泼的外表下有着怎样深沉的逻辑和不容触及的操守、底线,等待人们去加以探究和解读。

上篇

曾经"沙海"变"桑田"

　　阿拉伯半岛位于亚非两大洲之间,西临红海,东濒阿拉伯海,半岛东端形状如犀牛角的一小块陆地延伸至波斯湾①,这就是阿拉伯联合酋长国。从地图上看,犀牛角的顶端一直触到霍尔木兹海峡,两侧则是波斯湾与印度洋,伊朗在波斯湾的另一侧与其隔海相望。如果从阿联酋出发往西北而行,会依次经过卡塔尔、沙特阿拉伯和科威特,到达伊拉克。绕过犀牛角从另一边向东一路往下,可以途经阿曼、也门、红海,抵达埃及的苏伊士运河。7个酋长国中,最大的酋长国是阿布扎比,约占全国总面积的80%,其次是商业中心迪拜,接下来依次是沙迦、哈伊马角、富查伊拉、乌姆盖万、阿治曼。有趣的是,各个主要城市和地区都是以所在酋长国的名字命名的,如首都阿布扎比以阿布扎比酋长国命名,文化教育中心城市沙迦以沙迦酋长国命名。除了富查伊拉酋长国位于霍尔木兹海峡以外的阿曼海湾,其他6个酋长国均位于波斯湾的南部海岸,由此可以看出阿联酋地理位置的战略性和重要性。有研究资料表明,早在2500年以前,这里就是连接中东和印度次大陆的交通枢纽,在阿联酋出土了许多属于美索不达米亚、印度河流域以及中国、希腊、罗马等不同时期不同国家的文物,由此证明这个国家在古代商路上曾经的繁华和重要的地位。尽管今天商业的性质和模式

---

　　① 波斯湾,也称阿拉伯湾,简称海湾。

发生了改变,但地理位置没有变化,阿联酋仍是一个重要的商业通道与贸易中心。由于位居海湾南岸,扼守通往霍尔木兹海峡的通道,阿联酋的海湾沿岸港口如沙迦的哈立德港,迪拜的拉希德港和阿里山港,阿布扎比的扎耶德港,吸引了大量途经霍尔木兹海峡进入海湾的船只。经由这些港口,来自世界各地的货物通过水路或者公路运往阿拉伯地区其他国家。

　　阿联酋是典型的沙漠气候,很难用"怡人"来形容,尤其是炎热的夏季,在烈日的炙烤下气温高达 45 摄氏度。一个曾在阿联酋生活过的中国人不无抱怨地这样形容阿联酋的夏天:"我不知道上苍是怎么搞的,沧海桑田的变迁,居然变出这样的气候来——阿联酋的夏天……太阳仿佛离地面很近,像是鼓起腮帮冲着这块地上吹着热气,想探究地球上的生灵到底能承受多高的气温一样。"每年的 10 月至第二年 3 月则是它的冬季,最高气温达 30 摄氏度左右,最低气温为十几摄氏度,相对温和舒适。我国民谚中的"早穿棉袄午穿纱,围着火炉吃西瓜",形象地描绘了沙漠地区昼夜温差悬殊的特点,在阿联酋同样如此。这种气候特征自然与它独特的地理环境息息相关:它的南部和西部主要是贫瘠的沙漠和盐碱地,但这并不意味着它缺少绿色和生机,其间有大大小小的绿洲星罗棋布,点缀其中,著名的如阿布扎比的艾因绿洲、利瓦绿洲等;东部和北部是濒临海湾的广阔平原。

　　阿联酋独特的自然环境吸引着大批海外游客纷纷怀着好奇之心来领略海湾沿岸的海天美景,感受荒芜沙漠中的造化奇观,但是对于阿联酋政府和广

阿联酋艾因绿洲

大国民而言,作为其赖以生存的自然环境,沙漠与海洋有着更为重要的经济价值和生态意义。

独特的气候条件和自然环境使得阿联酋的生态资源较之其他地区显得更加脆弱和敏感,但这并没有阻止阿联酋政府维护并改变国家生态面貌的意志与雄心。1971年建国后不久,阿联酋政府就制定了雄心勃勃的国家绿色发展规划,并取得了令人瞩目的丰硕成果。这不仅仰赖阿联酋雄厚的经济实力,而且受益于国家领袖力排众议的魄力和超凡的远见卓识。这位领袖就是被人尊为阿联酋"国父"的前总统扎耶德·本·苏尔坦·阿勒纳哈扬(1918—2004)。

扎耶德总统出生在阿布扎比的沙漠边缘地区,他从小就目睹了酋长国人民遭受干渴和饥饿的悲惨情景。当看到成群的蝗虫将这块本已贫瘠的土地上所有绿色的东西吞噬掉时,扎耶德下定决心,如果有机会,一定用全部力量去改变阿联酋的生态面貌,让下一代人不再遭受他们父辈饱尝的痛苦。他执掌阿联酋国家权力之后,便带动全国各方力量大力实施"绿色联合酋长国"计划,不遗余力地将阿联酋建设成为环境友好型社会和具有可持续发展潜力的优质宜居国家。以下几个方面或许可以形象地说明阿联酋环境建设的特殊性以及政府在此方面的高度重视。

对于许多国家来说,城市公园或许只是城市环境的一个自然延伸或有机组成部分,但对于阿联酋来说,这种城市景观与阿联酋的自然环境似乎毫无联系。环视阿联酋城市当中满是棕榈树的街道、芳草如茵的公园和百花吐艳的花圃,很难想象这个国家其实位于世界上最为干旱的沙漠地区。实际上,阿联酋栽种的大多数植物都是从相邻的亚热带国家引入栽培的,每一个品种都用地下管道进行串联并单独灌溉,据说每棵树的养护成本达上千美元,难怪有人调侃说,在阿联酋,养护一棵树比喂孩子牛奶还要费钱。这些城市绿地和公园优化了城市环境,同时又如沙海中肥沃的岛屿,成为各种昆虫与鸟类的天堂。

众所周知,水资源短缺是阿联酋可持续发展面临的一大难题,多数人可能觉得水资源的匮乏会导致较低的用水量,但最新统计数据却让人大跌眼镜,阿联酋每天人均用水量达到550升,居世界前列。多年来,政府投入巨资实施了一套较为完善的水资源国家战略,多管齐下解决水资源短缺问题。如推广喷水式灌溉以减少用水浪费,倡导循环法使水资源得到重复利用,建造堤坝拦蓄地表水以及发展海水脱盐淡化满足用水需求,其中特别值得介绍的就是阿联酋大力推广的海水淡化工程。海水淡化可以说是人类追求了几百年的梦想,随着16世纪大航海时代拉开序幕,人们才开始真正从海水中提取淡水。当时欧洲的探险家在漫长的航海旅行中为了获取淡水维持生命,就在船只上配备简易的蒸馏装置煮沸海水以制造淡水,这就是海水淡化技术应用的开始。"二战"结束后,现代意义上的海水淡化技术在全球范围得到应用,但高成本、稳定性缺陷等问题限制了其商业化发展,使其长期以来难以走出"高贵冷艳"的小众局面。不过,在包括阿联酋在内的"水贵如油"的海湾地区,因为充足的能源保障和雄厚的经济实力,其海水淡化工程的体量颇为庞大,有数据显示,阿联酋98%的城市饮用水是经过脱盐淡化而来的。

在恶劣的生存环境中,很难想象阿拉伯半岛会存在"为野生动植物留出生存空间"这一有悖传统生活法则的做法,但事实上,自古以来阿联酋人为保持生态平衡形成了传承多年的智慧而理性的良好传统。贝都因人会在每年的特定时间放飞猎鹰并将骆驼转移,以便让牧草重新生长;在进行季节性捕捞时,渔民们仅仅选择他们需要的海洋生物,然后将其他捕获物放归大海;为了使得土地不被榨干枯竭,农民们也会定期休耕。但与此同时,阿联酋的居民一直保持着捕猎羚羊、野牛以及鸟类的传统习惯,加之现代化的交通工具、拖网捕鱼等新型渔猎方式以及农药在现代农业中的应用,给该国环境带来了严重影响。一位名叫赛义德的阿布扎比当地环保人士不无担忧地表示:当下阿联酋的环境问题之一在于太多的沙漠动物已经消失,那些动物可以传播种子,没有它们,沙漠面积将会不断扩大。阿联酋政府已经意识到对本已脆弱的本国生态系统加强保护的迫切性与必要性,并通过建立自然保护区、进行环保立法等方式付诸实际行动。关于自然保护区的建设,中国前驻阿联酋大使刘宝莱曾生动地描述了他于1992年应邀参观阿联酋自然保护区斯尔·班尼·亚斯岛的情景:根据扎耶德总统指令,自1971年起,阿联酋政府开始对这一曾经的荒岛进行改造,以建立自然保护区。当时(1992年)已开发250平方千米,建有22个农场,种植200万棵环保树,其中有柑橘、苹果、石榴、葡萄、滨枣等20万棵果树和15000棵橄榄树。岛上"绿色

阿布扎比斯尔·班尼·亚斯岛自然保护区

苍茫,树木林立,瓜果飘香,椰枣园林,鸟类繁多,羚羊遍地,野牛觅食"①。此岛的变化,让人看到了阿联酋政府加强环保、改造大自然的决心和意志。

　　人们常说,在阿联酋有两种东西最为丰盛,一是石油,二是太阳能。近年来,阿联酋政府努力实现在国家能源环境利用和可持续发展领域的"华丽转身",其在发展核能、太阳能等绿色能源方面的作为再次颠覆了人们的常规认知。在 2012 年的国际能源论坛上,阿联酋政府和企业纷纷展示阿联酋能源多元化理念和一系列项目措施,并表示阿联酋正通过能源结构多元化寻找减少温室气体排放、实现能源环境可持续发展的途径,同时明确表示,在迪拜酋长国 2030 年愿景规划中,该酋长国 70%的能源将来自天然气,12%将依靠核能,5%将来自太阳能等可再生资源。英国科幻作家阿瑟·C.克拉克②曾创作一部广受欢迎的科幻小说《太阳帆船》。小说描述了一场太阳帆船的飞行竞赛,来自不同国家的十几艘太阳帆船利用太阳能展开了一场从地球到月球的飞行竞赛,表达了作者希望利用太阳能为人类梦想服务的美好愿望。科幻小说中太阳帆船设想能否成为现实,目前我们不得而知,但可以确定的是,阿联酋政府正在致力于实施有着"太阳城"之称的马斯达尔城造城计划,使人类利用绿色能源建造一座现代之城的美丽神话成为可触可及的现实。"马斯达尔"(مصدر, Masdar),阿拉伯语意为"资源,来源"。阿联酋政府在距离阿布扎比市东南方 11 千米的沙漠区域圈地 6.4 平方千米,试图打造一座可容纳 5 万人的世界上首

---

　　①　刘宝莱:《阿联酋环保有起色》,http://memo.cfisnet.com/2013/0219/1294505.html。

　　②　阿瑟·C.克拉克(Arthur C. Clarke,1917—2008)是英国著名科幻作家,同时也是一位著名的科学家,以及国际通信卫星的奠基人。

座实现"无碳、无废物、无汽油"的"太阳城"。目前从设计规划图看,城外将覆盖巨大的太阳能电池板;城内以便捷公交系统替代小汽车;居民所用的电力将由太阳能、风能等可再生能源转换而成;由棕榈树和红树林组成的巨大的种植园将在城市周围形成一个绿化带,为生物燃料提供原材料,同时生物燃料这个新产业可以替代石油和天然气,为这个城市的居民带来收入。由于消除了汽车废气,实现了建筑内零排放,这里的居住环境简直就是新时代的"桃花源"。

作为世界最大石化产品生产国之一,却投资兴建世界第一座"零碳城",这一让人匪夷所思的举措的确引人瞩目。这并非一时冲动,也不是空穴来风。以迪拜为例,能源是国家和城市发展的命脉,随着迪拜经济发展脚步不断加快,如何切实保障能源安全以更好地服务当地居民生活和经济增长,已成为迪拜政府急需解决的问题。迪拜统计中心数据显示,2017 年迪拜电力、天然气、空调等能源供应产业占 GDP 比重为 2.2%。然而迪拜油气储备并不丰富,因此必须走一条高科技、高效率、低污染、低排放的绿色发展之路。

为保障能源安全,实现可持续发展,阿联酋和迪拜政府先后推出了多个能源战略,其中影响力最大的为"阿联酋能源战略 2050"和"迪拜清洁能源战略 2050"。2017 年,以迪拜酋长为首的阿联酋政府内阁发布了"阿联酋能源战略 2050",这是阿联酋政府发布的第一份能源方面的整体规划。战略提出,到 2050 年,清洁能源占阿联酋能源比重将达到 50%,碳排放量将减少 70%,节省相关费用可达 7000 亿迪拉姆(约合 1906 亿美元),能源使用效率将提高 40%。同时,阿联酋将加大在能源方面的投入,预计到 2050 年,阿联酋政府将投入 6000 亿迪拉姆以满足国民的能源需求。2015 年,迪拜政府发布了"迪拜清洁能源战略 2050"。战略提出,到 2020 年,迪拜清洁能源占比将达到 7%,到 2030 年将达到 25%,到 2050 年将达到 75%,届时迪拜将成为全球名列前茅的清洁、绿色的城市。①

---

① 《绿色迪拜的发展之路》,http://www.sohu.com/a/297608789_120073528。

漫漫联邦路

　　扎耶德总统曾说过:"没有过去,就没有现在,也不会有未来。"尽管阿联酋政府通过重建一座座历史遗址和兴建一个个博物馆试图向人们展示这里石油开采以前的历史图景,但是在其现代化的身影面前,人们似乎还是更习惯用"一夜暴富"来形容这个年轻国家的快速发展,而很少花时间去了解和领会高楼大厦背后有着怎样曲折的建国历史和深厚的传统积淀。实际上,一提起酋长国,人们会自然而然地联想起阿联酋,这个中东地区唯一的阿拉伯联邦国家,为何会以酋长国联盟这一独特的形式确立并发展至今? 是主观选择,还是历史必然? 历史的车轮沿着怎样的发展轨道推动曾经的传统部落联手踏上现代国家的振兴之路? 开启下面一段历史之旅,或许有助于我们为上面这些疑问找到一些有益的答案。

　　随着考古发现的逐渐深入,一段段尘封的阿联酋往昔岁月纷纷跃出历史之沙、时光之海,将阿联酋的历史根脉不断向前推进。有证据表明,早在公元前 4000 多年前,来自美索不达米亚的苏美尔人长途跋涉来到今阿联酋的沿海地区,并将这一地区命名为"马干",同时将一度繁盛的两河文明成果带给当地的部落。进入青铜时代,一些部落开始告别颠沛的游牧生活,在沿海和内陆以集体村落的形式开始了安居生活。当时最为繁华的当数阿布扎比东南方向的艾因城,与大多数荒漠地区不同,这里水源充足,终年葱绿,加之控制着阿曼到波斯湾的商路,优越的自然条件和地理位置使之成为该地区的商业与战略要地,它不仅是阿布扎比的第二大绿洲,还是阿联酋前总统扎耶德的故乡。随着阿联酋建国后绿洲花园的建成,这里如今远山与绿地交相辉映,成为中东地区一抹亮丽的风景,被誉为"海湾花园之城"。进入铁器时代,当地居民已经知道开渠引水,农耕水平大幅提升,从而出现更大范围的定居现象。铁器时代结束后的公元前 10 世纪后期,马其顿亚历山大大帝东征的铁蹄开启了东西文明的大交汇时代,海湾的当地居民不得不同入侵的古希腊人发生交往,"希腊化文明"逐渐形成。至今在阿联酋的沙迦和乌姆盖万,当年希腊文明对当地文化的冲击和影响仍有迹可循。

622 年,伊斯兰教在阿拉伯半岛诞生,阿联酋各部落继半岛南端的也门之后也听从真主的召唤,相继皈依伊斯兰教。阿联酋以及整个海湾地区得天独厚的地理条件为其迅速伊斯兰化创造了条件:首先,海湾地区港口众多,伊斯兰教的教义可以通过单桅三角帆船传至阿拉伯海水域,聚合民众去膜拜"唯一的真神"并谴责拜物教神像的使用;其次,一年一度的麦加朝圣活动,使得海湾各港口迎来一批批寻找灵魂重生的朝圣者,朝圣者人潮的涨落也促进了海湾同外界的人文交流,从而使海湾居民的阿拉伯—伊斯兰文化属性得以形成并稳定下来,包括阿联酋在内的海湾地区随之进入了相对稳定的发展时期,并逐渐成为阿拉伯倭马亚王朝和阿巴斯王朝的海上贸易中心。坐落于阿联酋哈伊马角海滨的吉尔法拉城因其和中国以及其他东亚地区的频繁贸易往来而声名鹊起,那里曾发现来自中国的精美瓷器和陶器,繁荣的贸易使这个地区一度富甲一方。一位名叫德瓦拉迪·贝尔巴鲁萨的葡萄牙水手在其 1517 年的航海日记中不无艳羡地写道:"吉尔法拉的居民都是富翁,都是伟大的水手、大商人。波斯湾海域里的鱼类、大小珍珠十分丰富。"①

　　艾哈迈德·本·马吉德是一名伟大的阿联酋水手,被阿联酋人尊称为"海上雄狮"。500多年前,他曾绘制过关于印度洋海上航线和季风的地图,且著述颇丰。估计艾哈迈德本人也没有预料到,他的这些重要的航海地理知识无意中帮助了葡萄牙探险家达·伽马从欧洲出发,途经好望角进入东非海岸,并最终抵达霍尔木兹海峡。此时,阿联酋以及海湾其他地区居民等到的不是满载的货物和新的贸易合作,而是早期欧洲殖民者的坚船利炮和攻城略地。葡萄牙人利用这一新的地理发现吞并了也门的索科特拉岛,占据了阿曼,并将巴林岛变为殖民地。阿联酋同样难逃厄运,在数次战争的洗劫后,曾经的伊斯兰商业重镇吉尔法拉遭到重创,从此风光不再,古老的阿拉伯海上商业传统也随之消亡。17世纪中叶,葡萄牙人被迫撤出海湾并最终放弃在海湾地区的垄断权。随后一直对海湾虎视眈眈的法国人、荷兰人、英国人相继闯入,因为他们同样清楚地意识到海湾地区在保护他们的东方贸易路线方面意义重大。同时,奥斯曼土耳其人、波斯人也都被海湾地区的战略地位吸引而来。最终,英国殖民者凭借其雄厚的实力成功把持海湾的实际控制权,开启其在该地区呼风唤雨的时代。

　　当时的阿联酋部落文化仍占据政治和社会生活的主导,根本没有所谓的现代国家和国土概念,阿拉伯各部落之间经常发生由贸易竞争和部落派别摩擦导致的战争。18世纪,阿曼地区沿海一带崛起了两股最为重要的部落势力:一股是由拉希德·本·马塔尔领导的以卡瓦西姆部落为首的部落联盟海军,

---

　　①　阿拉伯联合酋长国宣传和文化部:《阿拉伯联合酋长国:古老的民族,年轻的国家》,文化艺术出版社1993年版。

他们控制着哈伊马角和沙迦地区，不仅具有悠久的航海历史，而且拥有一支包括约 60 艘大船和 2 万名水手的大型船队；另一股力量是由以布法拉哈族为首的部落联盟组成的亚斯部落的陆军。18 世纪后期，卡瓦西姆人在海湾入口处建立了一个贸易基地来争取新的繁荣和发展机会，而颇具戏剧性的是，英国东印度公司恰恰希望控制从印度孟买到伊拉克巴士拉的海峡通道，以获取丰厚的利润回报。由于谙熟当地水域，土生土长的卡瓦西姆贸易商凭借其便宜的价格和优质的运输服务而处于竞争优势，其与东印度公司之间便不可避免地产生了矛盾。面对下滑的贸易收入，不可一世的东印度公司不肯善罢甘休，于是开始搜集阿拉伯"海盗抢劫"的所谓罪证，并不断向伦敦皇家海军状告卡瓦西姆部落劫掠他们的货船，最终东印度公司的反面宣传起了作用，海湾地区逐渐背上了"强盗海岸"的恶名。19 世纪初，伦敦方面派遣皇家海军出兵海湾，在几场小规模遭遇战之后毫无悬念地大获全胜，卡瓦西姆部落损兵折将、落败投降。对于"海盗"之说，沙迦酋长国酋长苏尔坦在其著述《波斯湾里的阿拉伯海盗神话》中驳斥了这一谰言，并指出："英国进行军事干涉的真正目的是企图控制波斯湾和印度之间的商道。"①英国人的兴趣似乎不是将海湾地区纳入其帝国版图，于是在后来的几十年当中，英国人分别同该地区的各个酋长签订和约。和约最重要的内容是英国为这些酋长的统治以及防御土耳其人和波斯人的觊觎提供背后的支持；而作为交换，酋长们不再骚扰英国商船，保证英国在海湾的利益，同时诸酋长国放弃对外事务的管辖权。"强盗海岸"摇身一变，成了欧洲人眼

---

① 阿拉伯联合酋长国宣传和文化部：《阿拉伯联合酋长国：古老的民族，年轻的国家》，文化艺术出版社 1993 年版。

中的"和平海岸",签订和约的 7 个酋长国也因此得名"特鲁西尔诸国"①。

相互妥协换来了海湾地区的相对安宁,阿联酋的居民得以重操旧业,继续发展 5000 年前就出现在波斯湾水域的珍珠捕捞业,精美的珍珠重新从阿联酋销往印度和欧洲,使得那里的珍珠市场繁荣起来。珍珠捕捞业的复兴为当地劳动就业和出口创汇开辟了良好前景。然而到了 20 世纪初期,作为当地经济支柱的采珠业不可避免地沦为第一次世界大战后的经济大萧条以及日本人发明人工培育珍珠方法的牺牲品,此后阿联酋地区的经济一度一蹶不振。石油工业的兴起重新点燃各酋长国振兴经济的希望,20 世纪 60 年代初期,首个商业油田的开发为阿布扎比打开了财富之门,之后迪拜、沙迦、哈伊马角等地区相继跟随其步伐,进入乌金喷涌的富裕时代。

让我们将视线转向英国人。休战和约使英国人大获政治与经济红利,帝国政府意识到与酋长国的统治家族保持良好关系的重要性,并最终在该地区培植了几个统治家族。这些统治家族的酋长也纷纷报之以李,因为他们的西方盟友拥有当时世界上最为强大的军事力量,受益于英国方面赋予的特权和准许,这些酋长国统治家族可以名正言顺地登上部落权力和财富的顶端。在海湾地区发现石油后,英国自然不会放过这唾手可得的天赐良机,试图长期牢牢保持在该地区进行石油勘探的优先权。然而,人无千日好,花无百日红,随着第二次世界大战的结束,昔日的日不落帝国难逃盛极而衰、风光不再的命运,势力范围急剧收缩,最终英国人被迫撤离亚丁湾以东所有地区,而

---

① "特鲁西尔"为英语"休战"的音译,特指后来组成阿拉伯联合酋长国的阿布扎比、迪拜、沙迦、阿治曼、乌姆盖万、哈伊马角和富查伊拉等 7 个酋长国。

特鲁西尔诸国刚好位于亚丁湾东部。昔日靠山大势已去，各酋长国开始感到孤立无援的阵阵寒意。尽管酋长们经常矛盾不断，尽管他们之间仍有悬而未决的争端和恩怨，但形势所迫，他们开始理智地考虑联盟的可能性。这种担忧并非毫无根据，一旦英国的保护伞突然关闭，各酋长国将暴露在一系列地区安全问题当中，最直接的问题就是来自邻邦阿曼佐法尔解放阵线的威胁。该阵线领导人曾宣称，一旦成功将阿曼苏丹赶下台，他就会继续西进消灭海湾其他酋长国，因为在他看来，那些酋长国是"建立在以为英国人的利益及西方在该地区的石油利益服务为宗旨上的"。同时，随着东西方冷战升级，一旦英国方面有所松动，苏联方面势必会搅局，海湾地区形势将更加扑朔迷离。

在沙迦酋长国有一个卡尔巴镇，关于该镇同沙迦的隶属关系还有一段故事：卡尔巴原本被卡瓦西姆部落的沙迦分部统治，但在20世纪初，卡尔巴人想脱离沙迦，于是不断请求英国公使承认其独立地位，但被英国方面数次驳回。在20世纪30年代，当英国人发现自己需要一个东部海岸的航空基地时，竟主动将卡尔巴期盼已久的独立酋长国地位赏给了它，卡尔巴统治者欢天喜地地接受了这项恩赐，幻想在英国人的庇护下永久保持独立地位并获得新的致富机会。然而天不遂人愿，"二战"后的英国财政吃紧，不再需要东海岸的航空基地，于是英国政府趁1951年卡尔巴发生政变之时，干脆不承认上台的新统治者并单方撕毁协议，将卡尔巴重新送回到沙迦人手中。这段插曲虽然再次显露了大英帝国背信弃义的嘴脸，但也表明英国政府过去的确对阿联酋有着举足轻重的影响。因此，有人说，英国曾经的影响对阿联酋现有政治格局的形成起到了重要作用，这样的评价细想起来不无道理。自1820年开始，为了将海湾地区的既得利益牢牢把握在手中，英国政府通过签署一系列和约维持同特鲁西尔诸国关系的平衡,如1820年的"永久休战条约"、1853年的"海上永久和平条约"以及1892年的"专有权协定",无形中将特鲁西尔各国的命运联系在了一起。由于各酋长国的行政管理权仍掌握在自己手中,所以英国更乐意通过在酋长国派驻政治代表的方式来实现对酋长国直接或间接的控制。这当然不是因为英国方面对海湾缺乏重视,更不是什么良心发现,而是英国人认为开辟一块需派遣巨额耗资的军队进行殖民统治的领地是一笔不划算的买卖,其更倾向于建立一个更低成本的由帝国间接管理的控制体系。于是英国外交部在巴林设置了常驻督办,在阿布扎比、迪拜、巴林和卡塔尔委派了政治代表,这些机构被视作联邦层次政治机构的雏形,未经与这些代办机构协商,酋长国不得擅自向其他国家颁发珍珠和渔业捕捞许可证。1952年,为防止"二战"后风起云涌的民主主义之火燃及海湾,英国人召集成立了特鲁西尔诸国委员会(也称休战委员会),以强化帝国在该地区的控制和地位,所有可能成为联盟成员的酋长国首领首次坐在了一起。此后,酋长们每年举行两次会议,在英国代表的主持下商讨地区的政治经济事务,并建立了一支特鲁西尔军队和一个特鲁西尔基金,这些都成为未来发展联盟的基石。当然,英国人的真实目的是希望通过委员会的协商形式直接或间接地操纵特鲁西尔各酋长国,强化特鲁西尔诸国对英国方面的政治依附性,但它客观上为酋长国之间散乱的关系创造了某种程度上的"合作氛围",无形中也为酋长国联邦的形成提供了早期经验的积累,为阿联酋民族国家的建设设定了一个基本的框架。

20世纪60年代,昔日辉煌的大英帝国已日薄西山,深陷内外交困的窘境。1968年初,英国宣布将在1971年底前结束它与海湾诸酋长国自1820年以来签订的所有现存条约,并从海湾地区整体撤离,同时建议特鲁西尔 7 个酋长国举行会议,商讨它们的未来走向,建立一个联邦国家。1968 年 2 月,最具实力的阿布扎比和迪拜 2 个酋长国执政者在布赖米地区会晤,并于次日发表了两国建立联邦的联合公报,同时向其余 5 个酋长国以及巴林、卡塔尔抛出橄榄枝,建立阿拉伯酋长国联邦国家的历史性工作正式启动。

但是联邦的创建过程远非人们所设想的那样顺利,可谓一波三折。经历了较长时间的会晤与磋商后,由于在权力划分、定都以及投票原则等核心问题上存在分歧,出于各自利益的考虑,各方代表唇枪舌剑、据理力争,其中巴林与大多数酋长国在许多问题上的分歧尤为突出。同时,由于周边强邻伊朗基于复杂的历史原因对巴林加入联邦持有异议,加之巴林与卡塔尔的领土纠纷悬而未决导致双方长期不睦,巴林和卡塔尔最终退出联邦筹建进程,并分别于 1971 年 8 月 14 日和 1971 年 9 月 3 日宣布独立建国。1971 年 12 月 2 日,阿布扎比、迪拜、沙迦、阿治曼、乌姆盖万和富查伊拉 6 个酋长国宣布"阿拉伯联合酋长国"正式成立,这当然不是数字统计上的错误,因为在最后一刻哈伊马角做出了退出的决定,联邦成员由 7 个变成 6 个。

说到哈伊马角推迟加入联邦的原因,有必要将历史的镜头回放到 1820 年的一天:一支主要由阿曼人组成的 7000 多人的军队在英国军官的指挥下冲上由卡瓦西姆部落统治的哈伊马角的海滩,经过数小时激战,卡瓦西姆部落最终输掉了这场战役,从而失去了对当地贸易路线的控制权。英国海军并未就此停手,而是继续南下,先后拔除了该部落在乌姆盖万、阿治曼和沙迦的根据地,随后到达迪拜,和卡瓦西姆部落的对手亚斯人建立了良好关系,自此哈伊马角酋长国元气大伤,一直在臣服于英国的状态中苦苦挣扎并试图东山再起。有学者分析,1971

年它拒绝加入酋长国联邦,部分原因是历史遗留问题导致它对迪拜和阿布扎比缺乏信任感。因为迪拜和阿布扎比同属南部的亚斯部落,哈伊马角担心由于财力的差距,自己会在新联邦中被排挤和倾轧,同时它曾渴望自己酋长国内也能发现石油,并且在争取独立建国的陈情书中向美国积极暗示自己有一个天然良港可供美国海军使用。然而结果令它大失所望,它不仅没有探测到石油,美国也没有表示出同它结盟的兴趣。无奈之下,在不到一年之后,即 1972 年 2 月,哈伊马角宣布加入联邦,阿联酋的联邦格局最终形成。

如今,在迪拜朱美拉路 1 号矗立着一座名为艾提哈德的博物馆,"艾提哈德"就是阿拉伯语"联合"的意思。在博物馆中,游客可以通过丰富的史料和珍贵的物品了解曾经各自为政的酋长国如何在 1971 年前后走在一起,实现联合建国的故事,如阿治曼酋长私人拥有的腰刀、酋长们的护照、20 世纪 60 年代这里的通行货币印度卢比以及建国前重要信函的副本等等。同时,在博物馆参观时,游客还可以通过现代互动技术了解阿联酋在走上联邦之路后在基础设施建设、经济贸易、社会民生以及国家安全方面取得的飞速发展。

阿联酋国庆节徽标

"扎耶德年"话国父

　　来到阿联酋的人,肯定会发现一个精神矍铄、面带微笑的人的海报遍布各地,他就是已故阿联酋第一任总统扎耶德·本·苏尔坦·阿勒纳哈扬(1918 年 5 月 6 日—2004 年 11 月 2 日)。他被阿联酋人尊为"阿联酋之父",他的热情、宽容和智慧也让他在海湾乃至整个中东地区赢得了极高的声誉和敬仰。在扎耶德总统 100 周年诞辰之际,阿联酋官方将 2018 年命名为"扎耶德年","扎耶德年"的宣传重点是追忆这位前领导人在建立阿拉伯联合酋长国期间所扮演的重要角色以及他在地区和国际事务中取得的突出成就,以缅怀这位在阿联酋历史上彪炳千古的伟大人物。此外,"扎耶德年"的设立不仅仅是为了让众人铭记扎耶德为阿联酋所做的一切,同时也希望通过该年度系列活动的举办,将这位前总统的价值观念灌输到整个阿联酋社区。在扎耶德总统生前的愿景中,阿联酋应当成为一个热情宽容、积极进取、绿色环保、领先卓越并充满爱心的国度,正如现任阿布扎比王储穆罕默德·本·扎耶德·阿勒纳哈扬所解释的那样:已故的扎耶德总统提倡建立一个宽容共存的国际氛围,他知道,阿联酋建国以来的独到之处就在于它不但不摒弃原生社会的文化认同,同时也欢迎不同种族、宗教和文化的融入。创造一个和睦共处的世界,就是扎耶德相信并且穷其一生所追寻的。

　　阿联酋的国内交通有一大特色,就是有一条主干道从东到西经过哈伊马角、乌姆盖万、阿治曼、沙迦、迪拜和阿布扎比，几乎贯穿联合酋长国全境，这就是以阿联酋国父命名的"扎耶德路"。穿行在该路上，阿联酋众多标志性建筑尽收眼底，成为观光阿联酋的一大亮点。以扎耶德命名的著名建筑、机构与活动还有堪称伊斯兰艺术杰作的扎耶德清真寺、被称为史上结构最复杂桥梁的扎耶德大桥、扎耶德体育城、扎耶德大学、扎耶德国家博物馆、扎耶德图书奖、扎耶德文化遗产节、扎耶德国际环境奖、扎耶德未来能源奖等，足见其在国民心目中的威望与影响力。

扎耶德1918年出生于阿布扎比，其家族阿勒纳哈扬家族是该酋长国的统治者。他出生时阿布扎比正处于艰难时期，尽管在同英国相互妥协的委任统治状态下，海湾地区并未发生动乱，但社会封闭保守，百姓缺衣少食，人民并未真正获得幸福。他从小接受传统的伊斯兰教育，熟谙《古兰经》，是一位虔诚的穆斯林，年少时期便展露出好思善言、善良宽厚、开放务实的良好品质。

1949年，年仅28岁的扎耶德担任其家乡艾因市市长一职，管理风格务实开放，人们随时可以前去拜访，甚至与他同吃同住，畅所欲言。20世纪50年代初期，他第一次访问欧洲，西方的经济发展与城市建设让他印象深刻，据其好友回忆，他（指扎耶德）曾经发誓，如果有机会他将尽全部力量，保证他的国家的人民也享受发达社会的生活。之后，他努力利用有限的资源对艾因市进行全面规划与改革。据同事回忆，那时扎耶德在路上行走时会突然停下来，用手杖在沙地上用力比画，并告诉周围同事，他正在规划连接市郊的公路网。他还自掏腰包聘请教师创办当地第一所学校，并且说服当地商人捐款捐物，兴办教育。天道酬勤，在他的领导下，几年后艾因市就跃升为驰名海湾的阿布扎比重镇。

对于石油给阿布扎比带来的翻天覆地的变化,扎耶德表示:"我们发现了石油,改变了这里的一切。天还是原来的天,地还是原来的地,但奇迹出现了,人们的生活发生了巨大的变化。靠什么?"或许大多数人会回答"靠石油",但扎耶德总统的答案是:"靠人的意志和努力的结果。"①的确如此,当年阿布扎比发现了储量十分丰富的石油,给积贫积弱的阿布扎比带来曙光,但由于时任阿布扎比酋长、扎耶德的兄长沙卡布特奉行逃避现实的蒙蔽主义治理国家,造成阿布扎比一度停止了前进的步伐。相比于因石油而致富的相邻兄弟国家科威特、沙特阿拉伯等,阿布扎比坐拥石油财富却落后不前,举国上下都感到空前的失衡与压力,以至于当年与亚斯部落结盟的众多部落先后投奔相邻的酋长国或周边国家,国内怨声四起,危机一触即发。在此关头,阿勒纳哈扬家族领头人们开始酝酿从家族内部物色更合适的人选替代现任酋长,最后一致推选扎耶德担此重任。权力的更迭方式颇具戏剧色彩:1966 年 8 月 6 日,扎耶德委托英国驻阿布扎比政治副代表到其兄长官邸,向他转达家族的决定,而扎耶德本人与家族首脑则在王宫附近的警察局等候结果。在接到家族决定后,沙卡布特及其幕僚进行了紧急磋商,最后电话通知扎耶德,表明其接受家族决定,并对扎耶德表示祝贺,随后便迅速乘机飞离阿布扎比,结束了38 年的阿布扎比酋长生涯。从此,扎耶德作为阿布扎比新任酋长,开始承担其新的政治使命,也开始将阿布扎比酋长国带上空前的振兴繁荣之路。

上任之后,扎耶德对酋长国进行了大刀阔斧的改革,提出

---

① 刘宝莱:《我同阿联酋总统扎耶德的交往》,《阿拉伯世界》2003 年第 5 期,第 29—32 页。

新的政治体制和国家管理模式,同时将全部石油财富用于体制革新、发展经济和改善民生。由此,阿布扎比酋长国经济社会发展水平迅速提升,政通人和,百废俱兴,一跃成为海湾诸酋长国中最为强大的酋长国。

有人将扎耶德称为"阿联酋的缔造者",这种说法并不过分。尽管阿联酋联邦国家得以建立是各方协调努力的结果,但在各方利益协调不济、建国大业岌岌可危的情况下,扎耶德总统通过其政治家的智慧谋略和个人魅力,力挽狂澜,成功将迪拜以及其他酋长国说服,共同组成联邦国家。早在 20 世纪 60 年代末期,为保证由 7 个酋长国组成的特鲁西尔议会工作顺利展开,扎耶德便慷慨解囊,为特鲁西尔国家发展基金贡献了 80% 的预算,使议会具有了充分的财力保障。1968 年初,大势已去的大英帝国无奈宣布在 1971 年底完全撤出海湾,并呼吁特鲁西尔 7 国举行谈判,为建立联邦制国家铺路。同年 2 月,扎耶德同时任迪拜酋长国酋长拉希德率先垂范,宣布两国建立联邦的决定,联合协议中,阿布扎比方面自愿向迪拜方面让利,向其他酋长国发出以和平方式解决纠纷、实现联合的善意信号。因为实力与威望,阿布扎比众望所归地成为联合进程的推动者和负责人。扎耶德深谙小国联合的重要性和迫切性,他积极倡导实施酋长国联邦规划,其设想甚至比英国人的建议还要庞大,希望将巴林和卡塔尔也揽入其中。为促成联合,在升任阿布扎比酋长后,扎耶德积极促成结束阿布扎比同卡塔尔的长期敌对关系,并公开表示:邻国间过去的敌对在他未来的视野里将一笔勾销,边境纠纷应通过对话与协商解决。[①]

---

① 叶良英:《穆斯林政治家阿联酋开国总统扎耶德》,《中国穆斯林》2017 年第 3 期,第 74—77 页。

从 1968 年着手组建联盟到 1971 年阿联酋最终建国,其间经历了长达 3 年的艰苦谈判,各酋长国之间由于领土纠纷、资源分配、权力平衡、相互猜忌以及地区势力干扰等复杂问题,建国之路上的利益纠葛可谓剪不断、理还乱。最终酋长国联邦国家得以建立,各酋长国统治者组成联邦最高委员会,并一致推举扎耶德为联邦总统,任期 5 年,迪拜酋长拉希德任副总统兼政府总理。此后,总统出自阿布扎比,副总统、总理出自迪拜的人事格局一直未变。作为中东地区唯一没有诉诸武力实现统一的国家,阿拉伯联合酋长国为阿拉伯世界树立了打造民族国家的成功典范,被西方学者誉为"阿拉伯世界最成功的统一",扎耶德本人也被视为阿联酋国家建构的功勋人物。

作为新生的联邦制国家,阿联酋在各酋长国协调统一、民心相系、经济发展、国防建设、外交环境等方面面临一系列困难与挑战,国家建设任务艰巨,可谓是百业待举、百事待兴。当选总统后的扎耶德延续了他务实、开明和锐意革新的一贯作风,在培育国家认同与归属感、实现国家富强和国民福祉、组建国家武装力量、实施友好开放外交方略等方面不遗余力,很快阿联酋便跻身海湾地区强国和世界富裕国家之列。

有人曾给予他这样的评价:"承蒙真主的关心,将这个国家的领导角色托付给了一位酷爱沙漠和对沙漠充满赤诚的人。"他对沙漠的酷爱与赤诚不是默默的承受与顺从,而是将沙漠征服,改造成绿地和良田。至 1981 年底,扎耶德总统主持种植了 400 多万棵树。1993 年以来,阿联酋已在曾经荒凉的沙地上兴建了 12000 多个新型种植园,在阿联酋的土地上游走,常常可以看到绿树成荫、鸟语花香的场景。作为沙漠之子,绿色家园是扎耶德的理想世界,水源充沛同样是他矢志不渝的追求。早在艾因市市长任上时,他便带领当地民众大兴水利系统改造和建设工程,基本改变了"各挖各井""有钱买水吃,没钱没水吃"的局面,甚至将家族世袭的水源无偿供大家饮用。担任总统后,阿联酋成为最早引进海水淡化技术的国家之一。他那句"地上任何人都有权享用地下水"的名言如同清澈的流水般流进寻常百姓家,滋润着国民的心田。

扎耶德总统不仅是一位不折不扣的"环保控",力主改造沙漠,创造美好环境,防止沙漠化,而且是一位敞开阿联酋大门的"好客者",本着开放、务实的政策,大力引进资本、开放港口、吸引外来游客,将阿联酋带入现代发展之路。

有人评价道:"一位伟人的诞生与时势和能力分不开。一个国家的崛起,需要一位引路人来引导这台巨大的机器前进,而扎耶德的出现,也是阿联酋之所幸。"凭借独特的人格、崇高的威望、宽广的胸怀、睿智的心灵和超凡的才能,扎耶德将阿联酋这个年轻的联邦国家领上富裕发展之路,同时收获了阿联酋国民的爱戴与推崇,实现了 6 次连任总统、任期长达 33 年的辉煌政治生涯。

阿联酋国父扎耶德·本·苏尔坦·阿勒纳哈扬

幸福的臣民

"我觉得幸福生活不仅指物质生活，很大程度上显示的是一种主观的力量，是精神上的幸福生活。一个人想要在物质上取得完全的支配地位几乎是不可能的，这时，一种好的精神状态和很强的精神力量就成为幸福生活的重要支柱。"

"乐观是一种思维方式，幸福是一种生活方式。换句话说，幸福并不在于你拥有什么，或者做了什么，而在于你看待事物的方式。"

上面两段关于如何理解"幸福"的话，在不否认物质条件重要性的前提下，更多地强调了主观世界的丰富与精神力量的强大对于生活幸福的价值，表述方式不同，但两者对幸福的感悟似乎并无二致。

事实上，上述观点的发表人的地域、文化与身份背景有着巨大的差异，第一段话来自小说《菊豆》《秋菊打官司》《贫嘴张大民的幸福生活》的作者、中国著名作家刘恒，第二段话则出自阿联酋总理、迪拜酋长穆罕默德·本·拉希德·阿勒马克图姆。两者对于"幸福"的解读虽然异曲同工，前者作为中国社会的观察者与生活的表达者，他的观点或许更容易理解和引起我们的共鸣，但后者作为阿拉伯国家的规划者与人民的领导者，其观点不禁引起我们的好奇，该如何理解这位阿联酋国家领导者的幸福观，以及在阿联酋领导层的这种幸福理念的引导下，阿联酋的人们有着怎样的"幸福"生活呢？

"当我们为人民谋福祉时,我们的工作就变得更加深刻、更具影响力且更鼓舞人心。政府的作用是创造环境,使人们能够实现自己的梦想和雄心壮志,并各尽其用。"

"我们可以想象这些信念对数十万在政府工作的人有何影响吗?认识到他们的工作有如此重大的意义,他们的工作具有这种文明而深刻的人道主义目的。他们每天醒来后,工作的动力是听从自己的心声:如何为人民谋求幸福?"

"造福人民本身就是幸福的体现。在伊斯兰教中,为人类带来幸福是最伟大的行为之一,最高尚的人就是为他人带来利益的人。"

事实上,当年穆罕默德初任阿联酋总理一职时,国内形势并不十分乐观:政府效率低下,财政和行政许多问题悬而未决,债务缠身,同时阿联酋地方政府管理水平和能力远不如联邦政府,人力资源短缺,设施匮乏,服务水平不达标,政府缺乏高效的政策与明确的程序。但在他乐观的设想中,挑战成为一个机遇,使人们有机会制订新的解决方案,以不同的思考方式,考验人们的潜力和能力,磨炼技能和意志,增长知识和专长。正如他自己所言:"我看到真主赐予我们祝福和信任,让我们为人民服务,使人民幸福,让整个国家繁荣昌盛。"①正是在这种乐观的态度和积极的幸福观的引领下,迪拜政府在短短几年内已迅速发展为世界上优秀的政府之一。

例如,当身处沙漠、头顶烈日时,穆罕默德问身边的朋友如何理解眼前的风景,有人回答是"一片贫瘠的沙漠""没有水或植物""漫天的黄沙",或者"这是我们父辈和祖先的土地,是我

---

① [阿联酋]穆罕默德·本·拉希德·阿勒马克图姆:《关于幸福和乐观的思考》,探险家出版社(阿联酋)2017年版。

们热爱和保护的祖国的土地"，而他的回答有两个视角：一个是诗人的视角，认为沙漠是灵感的源泉，是反思和冥想的空间；另一个是领袖的视角，认为沙漠是伟大的国宝，是国家收入来源之一，是其祖国阿联酋国民经济的基本支柱。

曾有一个平民询问穆罕默德，如果作为一个普通人而不是领导人，如何度过自己的一天，穆罕默德这样描述自己作为普通人的幸福假日生活：黎明时分，他会先到附近的清真寺做礼拜，然后去散散步，接下来和家人共进一顿可口的早餐，然后到沙漠附近练习骑车或者骑马。运动结束，他会约上三五好友谈天说地、共进午餐，饭后一起到海边散步，或者去狩猎，又或者去拜访朋友。这就是迪拜酋长眼中幸福的一天，用他自己的话来说，这样的一天很简单，但是很满足。

扎耶德一向十分重视对公民待遇与福祉的保护与实现，他认为："我们现在正经历着建设阶段，我指的不是建造工厂和公共设施，而是造就人，造就那些能在祖国前进的道路上做出贡献的公民。"他将公民比作"这片土地上的真正财富，是这个国家最宝贵的潜力来源"。

"为了建设现代化的国家，为了实现国民收入来源多样化，为了向公民提供舒服的住房，繁荣商业，建立现代化的工业，为了巩固这个国家和它的地位需要共同努力。"

"我们阿拉伯联合酋长国利用增加的收入为人民谋利益，对朋友和兄弟们给予帮助。"

"真主赐予了我们石油财富，我们必须用来为人民谋利益。"

"我要求你们自己去观察、感受这个国家的石油收入到哪里去了。是用在修筑公路、建造医院上了，以便向每个公民提供水、电，有机会上学，为民族谋求幸福，为人民建设未来。"[1]

　　迪拜酋长穆罕默德有着与扎耶德相似的幸福观，他认为幸福有两种：一种是个人幸福，这是需要自己掌握的学问；另一种是整个社会的幸福，这是需要通过公共服务来实现的。关于公民幸福，他解释道，幸福是对生活的环境和社会感到安全放心，是由体面的住房和基础设施等提供的舒适生活方式。它要求人们享有医疗保险、必要的机会和教育，以掌握应对未来的各种技能。幸福也在于工作与生活的平衡。所有这些都是政府可以显著改善的社会幸福元素。[2]

　　2016年2月，阿联酋内阁新设"幸福部长"一职，并由29岁的女性奥胡德·鲁米出任该职位，此事曾引起不少关注。当时一个阿拉伯新闻记者询问阿联酋总理、迪拜酋长穆罕默德此举是否会与时代格格不入，穆罕默德回应道，世界上没有哪一个地区比阿拉伯地区更需要幸福和乐观，这个地区被浓厚的悲观

阿联酋女性出任幸福部长

　　① 《扎耶德言论集》，[阿联酋]穆罕默德·哈利勒·萨克萨克收集整理，王贵发译，文化艺术出版社1990年版。

　　② [阿联酋]穆罕默德·本·拉希德·阿勒马克图姆：《关于幸福和乐观的思考》，探险家出版社（阿联酋）2017年版。

情绪所笼罩并蔓延到其他地区。他同时以 2015 年的《全球幸福指数报告》为例,指出在该报告关于全球青少年悲观和抑郁情绪的研究中,阿拉伯地区的青少年悲观和抑郁指数最高,并对此表达了自己的忧虑。当该记者问及阿联酋的幸福计划投入资金有多少时,他表示,幸福与政府的日常工作密不可分,并没有单列的幸福发展计划,因为幸福是政府工作的重点,政府的整体预算都用于帮助人民实现幸福。

那么阿联酋的公民有着怎样的幸福生活呢?富饶的石油资源为阿联酋国家带来丰富的物质与精神财富,在政府提出的"石油收入不仅用于祖国建设同时造福于民"的思想指导下,阿联酋社会福利事业发展迅速,成果丰硕。在国家建立伊始,扎耶德总统发布命令创建阿布扎比发展基金,次年建立扎耶德福利基金,用于福利事业、公共事业以及其他公益事业。在政府的倡导和支持下,该国福利事业取得的成绩令人瞩目,联合国 1998 年报告显示:阿联酋是唯一努力为国民提供体面生活的先进的阿拉伯国家,在为人民提供健康、教育、社会服务等方面,阿联酋在全球排名中位居前列。由此,阿联酋被联合国认定为世界上为数不多的实现了经济、社会与卫生方面迅速发展并将其用之于民的国家之一。[①] 在 2018 年人类综合发展指数 HDI 评价当中,阿联酋以 0.863 的得分位列阿拉伯国家之首,全球第 34 位。联合国机构可持续发展解决方案网络(SDSN)与美国哥伦比亚大学地球研究所共同发布《2018 年世界幸福报告》。根据该报告,阿联酋综合指数位列全球第 11 位,连续 4 年列阿拉伯国家之首。其中,阿联酋在总计 100 多项分指标中的 19

---

① 　王海峰:《阿联酋的社会福利》,《社会福利》2002 年第 8 期,第 59—61 页。

项位列世界前 7 名,在生活指数方面获得 7.2 分,位列全球前 20 名,城市宜居度列全球第一,卫生医疗满意度列全球第二,经济状况改善度列全球第三。

在养老问题方面,阿联酋有着较为完善的养老保障体系和老年社会福利制度,从而保障每一位本国老年公民都能过上幸福的晚年。依靠雄厚的经济基础,阿联酋老年人社会福利覆盖广泛,几乎无所不包,实现了老有所养、老有所依和老有所乐。同时,国家鼓励关爱老人、孝敬长辈的优良传统和社会风气。1997 年扎耶德总统夫人、阿联酋妇女总会主席法蒂玛宣布在阿联酋设立"孝顺奖",以推动阿联酋社会形成代际忠诚、家庭和睦、尊敬长辈、社会团结的价值理念。随着生活水平的提高和老年事业的不断推进,阿联酋人均寿命持续增长,根据联合国教科文组织 1996 年统计数据,该国人均寿命已从 1960 年的 53 岁上升到 1995 年的 75 岁,老年社会福利事业的重心也从提供生活保障转向了提高生命质量。

在儿童福利方面,阿联酋已在阿拉伯国家当中率先步入先进国家的行列。根据联合国儿童基金会 1998 年年度报告,阿联酋儿童福利事业已进入在卫生福利领域取得巨大进步的先进国家行列,其中包括瑞典、瑞士、日本、美国和加拿大等国家。有资料显示,在儿童培养和教育方面,阿联酋儿童每人每月可以领取一定数额的儿童抚育金;从小学到大学一律免费;成绩优异者还享有政府提供的奖学金。如果考取出国留学,政府会支付学费予以支持,外加助学金,甚至如果父母妻儿要陪读,生活费也由政府承担。

政府每年拿出约 15 亿元人民币帮助困难家庭,包括多项扶助措施,其中就包括为贫困家庭提供免费房屋。初婚的无房青年夫妇都可以向政府申请,此外,政府还向他们提供约 50 万元人民币的安家费,用于购买室内用品。

最重要的福利是医疗,阿联酋的医疗是全免费的。就诊时,只需缴象征性的挂号费,大约人民币 12 元即可。如需要到海外做手术,费用也由政府支付,甚至陪护人员的酒店住宿费也由政府承担大部分,每天的补助约折合人民币 400 元;平时的家庭水费按户收,不计表数,每月 50 迪拉姆(约 70 元人民币);电费则象征性收取,每度半分钱迪拉姆,折合人民币 7 分钱。

具体到迪拜,本地人可以享受到令人艳羡的社会福利——医疗免费、教育免费,还有福利分房等,但大多数迪拜人并没有富到不用工作的地步。"阿拉伯人子女众多,女性在婚后一般不工作。如果一个男人娶了妻子,生了几个孩子,仅是政府福利不足以支撑家庭的日常开支,他必须得出去工作。"①当然,迪拜也有开跑车的土豪,但那终究是少数。

在劳动市场,阿联酋本国公民同样享有优于外籍人口的特惠待遇,典型的例子就是通行于海湾国家的劳动力人口的"国家化"政策,即以"配额"的方式进行劳动力的国家化,政府会根据产业类型规定员工中必须按比例招纳当地公民,这种政策更多的是在私营部门执行,其目的是缓解国内失业危机,将外籍人士的工作机会部分转让给本国人,同时减轻政府机关冗员繁多的压力,如阿联酋政府规定员工人数在 50 人及以上的企业,每年须以 2% 的速度增加本国员工的比例,而银行与保险业的目标则是 4% 与 5%。在公立学校,阿联酋本土教师的薪资往往比外来教师高出一倍,而在私营企业,解雇当地员工常常会

① 戴莹:《迪拜:沙漠中的海市蜃楼》,《徽商时代》2016 年第 1 期,第 52—55 页。

给企业惹上麻烦，因此阿联酋员工可以充分享有优厚的工资待遇和高枕无忧的职业保障。正如一名就职于一家城市规划公司的美国籍经理所说：他们采用不同的标准来对待公司唯一的一名阿联酋当地女性员工。此外，公共部门的管理岗位通常都留给了阿联酋当地人，有人不无调侃地说，穿着长袍的阿联酋人享受着丰厚的薪酬，傲慢地看着迪拜地铁系统的马来西亚售票员，这已经是司空见惯的景象。

显然，阿联酋国家福利制度的建设与完善，对于实现公民幸福和国家稳定有着重要的现实意义。一个国家的社会福利系统属于社会资源再分配范畴，从个人层面来说，直接影响着公民的日常生活水平和抗风险能力，关乎公民能否实现精神上的"幸"与物质上的"福"；而上升到国家宏观层面，则有助于社会认同的有效建构与政治稳定的实现。包括阿联酋在内，有效的社会福利体系之所以能推动良好的国家与公民关系的建构，一个很重要的原因在于它能够使国家为公民提供一种"自我安全感"。民族国家在很大程度上正是通过国家福利体系这样一种媒介，推动公民个人同国家之间良性关系特别是公民对民族国家的信任与依赖关系的建立，使得民族国家的边界和政府形象在民众心中清晰起来，在根本上促进了国家认同的实现和政权政治合法性的强化，从而维护了国家政治稳定与协商政治的发展，为国家的持续发展奠定基础。

不过凡事都有两面性，福利不足容易导致社会贫富差距拉大和分配不公，但福利太高有时可能造就懒人心态，容易造成阶层固化而使人失去努力的动力。福利制度尺寸的把握，是许多国家面临的难题，阿联酋也不例外。例如，阿联酋经济的多元化与开放性导致大量外来人口的涌入，从而也带给不少阿联酋国民成为房东的机会，这种租赁现象的持续和食利机制的长期存在也带来一些困扰,最直接的影响就是使得许多本国年轻人难以或不愿承担真正意义上的工作。同样其他方面的各种高福利待遇使人们失去了生活的后顾之忧,一些年轻人不思进取,游手好闲,不愿工作。早在迪拜现代经济发展之初,迪拜国家银行的报告就发出警告:"这种收入实际上将会成为创造其他财富的障碍,因为它不鼓励技术培训及努力工作,而是产生了一种没有竞争的食利心态。"对于青年人的无业现象,扎耶德总统也曾十分关注,有一次在同一些无业青年谈话时,他直言不讳地教导他们:"你们不是残疾人,你们的肢体、眼睛和耳朵都是健全的。他们这些残疾人只有坐着轮椅才能从一个地方到另一个地方,可他们却做了桌、椅、门、窗,用来出卖,为什么你们不能挣钱,他们却能? 为什么?"[①]2002 年,迪拜酋长穆罕默德在进行一次亲临现场的大检查活动时,就地开除了所有没有按时上班的人,其中包括不少高层管理者。有人评价说,这些被解雇的不专业的雇员大多数是这个国家保姆式呵护下的产物,因为在阿联酋这个国家里,本国国民生活中与经济相关的每个方面都得到了政府的照顾,因此工作没有和经济生活联系起来。

奥斯卡获奖影片《当幸福来敲门》曾引起许多人关于幸福的思考和共鸣,影片当中那位濒临破产、妻子离家的落魄推销员,在逆境中依旧坚持和努力,最终幸福敲响了他的大门,实现了人生逆袭,成为一名金融投资家。当陷入人生低谷、最为落魄失意的时候,他仍然坚定地鼓励儿子说:"如果你有梦想,那么请保护好它。"影片告诉我们,得到幸福的过程如此的艰难,正因为艰难,幸福才会值得珍惜。

---

① 王海峰:《阿联酋的社会福利》,《社会福利》2002 年第 8 期,第59—61 页。

中篇

怒放的沙漠之花——迪拜

　　在茫茫的阿拉伯沙漠中流淌着一条全世界最短的河流,它全长只有 14 千米,说是河流,实则是波斯湾通向陆地的狭长内湾,它虽没有泉水般的清澈甘甜,却孕育出生机无限的沙漠之花,创造出令世人震撼的现代商业神话,这就是迪拜人的母亲河——迪拜河。一个半世纪前,马克图姆家族的先人率领一支大约 800 人的部落在迪拜湾河口居住下来,在马克图姆家族的领导下,迪拜人依托传奇般的迪拜河,把迪拜从一个靠捕捞为生的小渔村和打捞珍珠的小码头发展成一个世界级的繁忙港口。关于迪拜(Dubai)名字的由来,至今说法不一:有人说当时这里经常有被称为 daba 的蝗虫出没,于是人们称这个渔村为迪拜;也有人说迪拜的名字跟当地被称作 dhub 的食蛇蜥蜴有关;还有一个说法就是迪拜是印地语 doh("二"的意思)和阿拉伯语 bayt("房屋"的意思)的合成,意思是"两间白色的小房子并肩坐落于近河口处"①。

　　有人说,现代迪拜的繁荣史有两个关键点:一是发现了石油,二是发现石油快枯竭了。1966 年,迪拜发现了石油,消息传来,酋长国里一片欢腾。然而,与一些产油国将石油换成美元,用于购买军火,建造华而不实的工程,秘密存储到瑞士银行的

---

　　① 　[英]戴维森:《迪拜:脆弱的成功》,杨富荣译,社会科学文献出版社 2014 年版。

做法不同,马克图姆家族将这一桶金用于建设现代化的基础设施。但很快,迪拜发现自身石油储量有限,仅占整个阿联酋石油储量的 3％,只能开采到 2015 年。在这种情况下,拉希德这位极富远见的酋长提出一个目标:"迪拜必须成为中东最伟大的自由贸易港口。"说起父亲,现任酋长穆罕默德一脸自豪:"他的一只眼睛穿过'过去'的大门,另一只眼睛穿过'未来'的大门。"①

20 世纪 70 年代的一天,几个商人拜访当时还是王子的穆罕默德。他们委婉地表示:"我们现有的拉希德港已经够用,国家现在并不景气,迪拜目前无力再建令尊意欲建造的、更大的阿里港。"当穆罕默德把商人们的这番话转告父亲时,拉希德告诉儿子:"我现在建造这座港口,是因为将来会有那么一天,你们再想建造它都已无能为力了。"两年后,在人烟罕至的杰贝·阿里沙漠区,迪拜挖掘了全世界面积最大的人工深水港——杰贝·阿里港。随后,老马克图姆又以港口为依托,设立了杰贝·阿里自由贸易区。此后,人才和资金不断涌入这片没有赋税、没有外汇管制的自由区。过去 30 多年,迪拜一天也没有停止过对杰贝·阿里港的加深和拓展,而越来越多的自由区更如雨后春笋般不断涌现。当港口贸易发展到一定程度后,这个家族又有了新的远识,那就是发展观光旅游业。2000 年,细心的读者在报纸上读到这样一则消息:"由于我们国家石油逐渐枯竭,必须转型发展观光业。"但是,除了沙漠还是沙漠,迪拜拿什么吸引游客?难道是在沙漠中建造海市蜃楼?人们的质疑不无道理。迪拜的地理条件是无法与法国、瑞士、意大利、

---

① 吴晓芳:《马克图姆家族与迪拜酋长国》,《世界知识》2010 年第 5 期,第 16—18 页。

德国和荷兰等欧洲传统旅游胜地相比的,它既没有山地冰川等丰富的自然景观,也没有欧洲、中国、北非等地的文明古迹与人文遗产。迪拜所拥有的更多的是无边的沙漠、热辣的天气以及为数不多的历史古迹,除了作为航空中转地,它的基础条件很难给人们更多的想象空间,但正因如此,迪拜比别国有更少的历史包袱和更大的重新创造的空间,如果要做到"无中生有",迅速实现在全球旅游版图中拥有一席之地,必须有超越常人的想象力、创造力以及无人能及的勇气和魄力。穆罕默德酋长的确给出了这样的答案,他说:"只要不断建设,一切都会有。"海岸线不够长,那就人工填海,造出创意新奇的岛屿;没有像红海那样的迷人海底世界,那就利用高科技人工养殖珊瑚,自己创造海底梦幻世界;干燥的沙漠没有河流穿行,那就大手一挥,自行挖掘河道、开凿人工湖……果然,几年后,一个又一个"世界之最"在寸草不生的沙漠里呈现,让人眼花缭乱、目不暇接。有人这样描述迪拜:今天你看到的是沙漠,几年之后,这里将会满是橄榄树和兰花。据说,最盛之时,全球 1/5 的起重机汇聚于此。在这里,所有人都牢记着这位野心勃勃的酋长的名言:"谁能记得第二名登上月球的人? 第二名是没人记得的,所以我们必须争第一!"①

　　一切是如此不可思议,这位在英国接受过系统西方教育的酋长尚无罢手之意。穆罕默德在《我的构想——迎接挑战,追求卓越》一书中为迪拜描绘了波澜壮阔的蓝图——"中部世界"的经济首都。根据酋长的说法,这个拥有 20 亿消费者的中部世界,包括海湾国家、印度次大陆、中亚、沙姆地区(阿拉伯语

---

　　①　吴晓芳:《马克图姆家族与迪拜酋长国》,《世界知识》2010 年第 5 期,第 16—18 页。

区,包括叙利亚、约旦、黎巴嫩和巴勒斯坦)、土耳其、塞浦路斯和东北非等地。穆罕默德信誓旦旦地表示:"过去,迪拜是东西方商路上的一站,而今它已成为通往四面八方商路的终点站。中部世界需要一个经济首都,迪拜能够起到这样的作用。"与此同时,穆罕默德孜孜不倦地追求世界金融中心的梦想。这也是他一贯宣扬的多少带有社会达尔文主义的竞争理念的具体体现。在书中,他讲述了这样一个故事:在非洲,每天清晨第一道曙光出现时,羚羊就会立即惊醒,为的是跑在狮子前头,以免死于非命。同样,每天清晨第一缕曙光出现时,狮子也会马上醒来,为的是追上跑得慢的羚羊,以免死于饥饿。因此穆罕默德酋长常说:"只要早晨曙光初现,你一定要跑得比对方快,方能活命。我们一直在跑,为胜利而跑。"①

　　早在 2002 年,穆罕默德的兄长、前任酋长马克图姆便签署了建立迪拜国际金融中心的法令——建造世界最大的金融中心。2004 年,迪拜国际金融中心正式运营,短时间内便吸引了美林银行、德意志银行、瑞士信贷、摩根士丹利国际银行、渣打银行、怡安保险等世界知名公司,迄今已有超过 400 家公司入驻,并运作了商品期货交易所、证券交易所等多个交易市场,俨然一副"沙漠华尔街"的模样。穆罕默德酋长为他的杰贝·阿里免税港和岸边的商业区而自豪。此外还有迪拜互联网城——中东最大的信息技术中心,还有迪拜新闻城,他希望这个新闻城能够成为像 CNN 和半岛之声那样的新闻中心。正当穆罕默德呼吁阿拉伯世界通过吸引外资和外来人口,成立自由贸易区、金融中心,推沙筑岛来复制迪拜模式时,债务危机不期

---

① ［阿联酋］穆罕默德·本·拉希德·阿勒马克图姆:《我的构想——迎接挑战,追求卓越》,张宏、薛庆国等译,外语教学与研究出版社 2007 年版。

而至。

有人说,迪拜危机正是源于迪拜模式。在危机之前,代表虚拟经济的地产整整占了迪拜 GDP 的 20％。在缺乏约束的迪拜地产业,楼盘交易不需要预售许可证,只要看到图纸就可以买卖。《纽约时报》描述说,在迪拜,一名普通的地产销售能在一年内拿到 200 万美元的佣金。但泡沫终究还是破灭了,迪拜模式也免不了遭到诟病。即便如此,也没能阻挡穆罕默德狂奔的步伐。在危机刚露出苗头时,他便给予了强硬的反击,将国际舆论的一片指责完全抛在脑后。他公开表示"迪拜的经济非常稳固",是西方媒体的"歪曲炒作"导致市场反应过度。他用激昂的言语鼓励迪拜人不畏困难,无私奉献。"浓密的络腮胡子,智慧的头脑,深邃的目光,这目光总是像翱翔蓝天的鹰隼一样看得很远,把迪拜的现在和未来都看得清清楚楚。"阿联酋的媒体这样写道,言辞之间充满了对酋长、对酋长国未来的信心。①

人们这样总结迪拜的成功之道:"扬长至极,以长带短""短钱长用,追求卓越""经济多元,服务优先""精于概念,善于包装"。② 说到精于概念,善于包装,我们不得不承认,迪拜在塑造"迪拜效应"、打造城市形象方面的确是一个不折不扣的"营销大师"。比如全球唯一的七星级酒店帆船酒店,世界上没有任何酒店敌得过它的奢华,金光闪闪的七颗星星已经成为迪拜名副其实的城市名片。众所周知,国际酒店的评级体系最高只有五颗星,七星级其实是迪拜的统治家族凭空大胆设计出来的,有人评价说:"其营销手段的大胆可以和拿破仑当年进军莫斯

---

① 吴晓芳:《马克图姆家族与迪拜酋长国》,《世界知识》2010 年第 5 期,第 16—18 页。

② 董立志:《迪拜,未来从这里开始》,青岛出版社 2007 年版。

科的壮举相媲美。"①不过这种大胆的自我定位最终得到了国际
社会的认可,七星级酒店作为一种现象级的存在变成了现实。
帆船酒店开门迎客后,立即成为国际旅游业的新宠,这张名片
给迪拜带来了意想不到的品牌效应,全球名人争相入住,全球
媒体竞相报道,全球旅行社抢订房间,全球游客蜂拥参观,许多
人甚至因为七星级帆船酒店才真正记住了阿联酋的迪拜,同时
酒店周边的陆域和海域很快变成了享誉中东的旅游胜地和黄
金地段。迪拜这步棋真正盘活了当地的旅游业,以 2006 年为
例,据统计,在该年度迪拜以 137 万的常住人口,吸引了 800 万
游客前来观光,3000 万人过境迪拜,仅英国一国来迪拜观光的
人数就达 70 万人次。② 有人这样评价迪拜的帆船酒店效应:它
是迪拜的图腾与身份的象征,标榜着金钱在迪拜这个地方受到
推崇,只要有钱就可以享受到无与伦比的特权与服务。"作为
酒店,也许它本身亏损严重;但是作为神话的缔造者,它一定给
迪拜带来了数不清的财富。"③

　　谈到迪拜,特别是迪拜的发展之路,爆发于 2009 年的"迪
拜危机"是不得不说的故事。2009 年 11 月 25 日,阿联酋迪拜
酋长国政府向外界宣布,将重组其主权投资实体"迪拜世界",
延期 6 个月偿还即将到期的约 40 亿美元的伊斯兰债券,并将
在政府援助下进行高达 590 亿美元的债务重组。消息一出,即
宣告迪拜危机正式来临。

　　迪拜世界曾为迪拜最大的政府关联公司,是阿联酋迪拜酋

---

　　①　［英］乔·班尼特:《看不见的迪拜——一个西方人的亲历记》,秦
竞竞译,陕西人民出版社 2013 年版。
　　②　董立志:《迪拜,未来从这里开始》,青岛出版社 2007 年版。
　　③　［英］乔·班尼特:《看不见的迪拜——一个西方人的亲历记》,秦
竞竞译,陕西人民出版社 2013 年版。

长国的主权投资机构,也是迪拜政府最大的国营财团,其各类资产总额约为990亿美元,分布于全球约100个城市,业务主要涉及交通物流、船坞海运、城市开发、投资及金融服务等四大领域及各领域下的诸多行业市场。据《纽约时报》估算,迪拜危机爆发时,迪拜世界的债务高达590亿美元,占迪拜债务的74%。迪拜作为中东的金融中心,迪拜世界代表着国家信用,在很大程度上体现的是国家的投资意志。因此,外界普遍认为,迪拜世界一旦无力偿还债务,将发生自2001年阿根廷金融危机以来全球最大主权基金违约事件。迪拜,这只长袖善舞的迷人阿拉伯蝴蝶在中东轻轻扇动了翅膀,立刻在全球金融、资本市场掀起了一场飓风。

　　1998年,为了走出一条依靠非石油业的经济发展道路,迪拜政府开始把房地产作为支柱产业,试图以此带动餐饮业、旅游业、金融业以及贸易的发展。为了促进房地产业的发展,迪拜政府出台了一系列优惠政策来吸引大量外资进入房地产行业。在21世纪头十年,通过一系列国际知名大型项目建设,迪拜将其塑造成全球知名度最高的现代阿拉伯之星。而在此过程中,建设高峰期的2008年,房地产业和建筑业占迪拜经济比重一度达到29.7%,几乎与贸易产业并驾齐驱,同时建筑行业平均增速在21世纪的前几年竟高达30%以上。有数据显示,2000年,迪拜房地产投资总额仅为约30亿美元,到2006年6月底,迪拜房地产投资总额几乎是2000年的15倍,达到约449.5亿美元,巨幅增加的投资使迪拜房地产市场进入一派欣欣向荣的火热状态。2004年,迪拜政府举借外债推进了3000亿美元的建设项目,这无疑给正在发展的房地产市场又注入一剂"强心针"。例如迪拜的民用房在2000—2005年增幅达到63%,到2005年底,已经达到238000套。作为迪拜政府旗下的三大房地产公司之一,伊玛尔(Emaar)房地产公司 2005 年的利润超过了 12.9 亿美元,比 2004 年的 4.6 亿美元增长了 180%,2005 年的房地产收入达到 22.8 亿美元,比 2004 年的 14.3 亿美元增长了 59%。2006 年 3 月 14 日,迪拜酋长国颁布《房地产法》,允许外国人在迪拜购买永久产权物业或 99 年产权的物业,并附带阿联酋永久居住签证。一时间,诸多外国商人、影视明星、投机者纷纷进入迪拜房市。以朱美拉棕榈岛为例,它是世界上最大的陆地改造项目之一,由 1 个像棕榈树干形状的人工岛、17 个棕榈树叶形状的小岛以及围绕它们的环形防波岛三部分组成,岛上不仅设施一流,而且景色得天独厚。据报道,岛上 2000 栋别墅豪宅在 2002 年推出后,在一个月之内迅速售空,诸如大卫·贝克汉姆、迈克尔·欧文、布莱德·皮特和安吉丽娜·朱莉等一众明星纷纷出手,争当迪拜业主。2006 年,迪拜更是加大开发力度,投入了 8000 亿美元,这笔投入所需要的后续资金达到 3000 亿美元,由于彼时的迪拜所需资金没了着落,加上现有地产投资缩水,并且原有投资大规模撤出,曾经一片繁荣、傲视中东的迪拜成了被最后一根稻草压倒的"骆驼"。

一向高调张扬的迪拜再次被推到舆论的风口浪尖,成为人们密切关注和评头论足的焦点,有人持乐观态度,有人保持观望,而有不少人却出于各种原因表达了悲观的看法,甚至唱衰迪拜的言论一度流行,以至于出现了许多令人啼笑皆非的坊间消息和不实传言。有中国记者去迪拜采访之前,从新闻中了解到迪拜政府发行了 200 亿美元的债券,并且与总部设在首都阿布扎比的阿联酋中央银行约定由其购买第一期的 100 亿美元。可当记者抵达迪拜的时候,这则消息经过口口相传竟已演变成"迪拜政府已经破产并被阿布扎比收购"。这可以说是新闻在传播过程中受到污染、变异的最好例证。阿联酋总统、阿布扎比酋长哈利法·本·扎耶德·阿勒纳哈扬在报纸上气愤地回应:"各酋长国之间的关系被误读。我们是一个实体的不同成员,我们一起组成了一个坚固的、紧密联系的国家。"而在记者访问阿联酋航空总部后没多久,这家闻名全球的大型航空企业便经历了一场公关危机。原来德国的《明镜》周刊在其一篇报道中指出,阿联酋航空订购了58架空客A380,从已经接收的4架飞机中竟然发现了许多质量不尽如人意的地方。这篇报道被全球各家媒体纷纷转载,最后竟演变成"阿联酋航空出现财务危机,要取消或者推迟订单"。对于这家连续20年盈利的航空公司来说,这种传言简直就是一种莫大的侮辱。阿联酋航空就此在一份声明中回应:"我们无法对迪拜的财政状况做出评论。就阿航来说,我们的财务根基依然稳健。事实上,我们对所有2010年夏之前交付的飞机都有财力保证。"[①]阿联酋航空的一名副总裁是从海军退役后来到迪拜的英国人,关于迪拜危机他给出了比较有代表性的回答:"面对全球性的经济危机,哪个城市又能例外呢?关于迪拜某个点的报道,最后在读者那里就被放大到一个面。虽然报道也许是比较客观的,但你最后得到的印象却是夸大的。"[②]

而有人在亲临迪拜后撰文对迪拜危机进行辩护,认为迪拜危机被人为夸大了,认为它只是一场普通的"感冒",而绝非让世人恐慌的"金融甲流"。迪拜危机表现为债务危机,肇事主角迪拜世界遇到的主要是现金流问题,而不是资不抵债的问题。迪拜世界本身资产就达1000亿美元,而债务不过600亿美元

① 杜然:《唱衰迪拜正时髦》,http://www.eeo.com.cn/2009/0320/133103.shtml。

② 同上。

上下,而且其拥有的大部分为不动产,而不是股票、债券等虚拟资产或者什么金融衍生品,如人工打造的棕榈岛、全球第一高楼哈利法塔、超豪华亚特兰蒂斯酒店、占地48万平方米的超级购物中心——迪拜购物中心等等,都是由迪拜世界控股,所有这些不动产从长期看是不会贬值的。实际上作为人均GDP已超过4万美元的高速发展的海湾国家,迪拜当时的房价还不及中国的"北上广"。超好的国家福利使迪拜本国人的消费基本不受危机影响,据说危机期间有人想预订七星级帆船酒店的费用高达180美元(人均)的圣诞大餐,但想方设法最终还是没有订到。

位于迪拜的世界第一高楼——哈利法塔

关于迪拜危机,有分析人士给出了较为公允客观的评价:过于依赖外债、过于依赖房地产和过于依赖政府投资导致经济的"空心化",一旦房价下跌,在没有其他产业支撑的情况下,迪拜经济就会即刻受到致命打击。因此,从本质上看,迪拜危机的本质是房地产泡沫破裂引发的债务危机。

通过观察迪拜的人口结构就可以看出,这个外来人口占

迪拜七星级酒店——帆船酒店

80%的国家,仅有的 25 万当地人口不能托起巨大的房地产市场,房地产市场的大部分份额被外来投机者所占据。泡沫就在这种超过实际需求的非理性房价中滋生出来。在迪拜本国人口的实际购买需求不足以维持房价上升时,针对国外购房者的《房地产法》大大刺激了房市的繁荣。此时的购房者主要由投机者组成,迪拜的购房行为已经成为投机者的相互炒作。

有学者指出:"制度建设缺失。国内的人民基本上被排除在发展所带来的机会之外,尽管迪拜人民享受到了王室所恩赐的高水平福利和繁荣带来的资源租值,但由于没有国内市场制度保障,且生产性资源几乎为王族所垄断,普通国民很少有机会以企业家的角色参与经济发展,经济基础根基不稳。"①

还有学者认为,迪拜"政企合一"的城市开发模式透支了国家信用,其特征如下:迪拜房地产和基础投资是带动经济的唯一支柱,以此来带动高端服务业;国家通过垄断土地资源来保

---

① 封清:《迪拜,脆弱的梦想》,《中国经济信息》2009 年第 24 期,第 16—17 页。

障投资收益;国企进行市场融资来实现信用支撑。因此,迪拜的主要商业行为充满国家信用和意志的特征。

著名经济学家樊纲认为,迪拜的发展之所以遇到问题,主要是其"没有内容"。他表示:上海有1700万人口,企业众多,位居长江三角洲腹地,富有产业、实业和内容。但是迪拜既缺乏内容,又少有产业和人口规模,即便招揽全世界的游客,也不过是一个不扎实的流动性的内容,缺乏内涵,因此房地产业陷入危机不足为奇。而清华大学教授李稻葵则从另外一个角度表达了自己的看法:从发展战略上讲,迪拜模式没有问题,但是从战术来讲有些操之过急。迪拜与冰岛的相似之处就是都在当年创造经济奇迹的同时,积累了巨大的资产泡沫,金融危机在这两个地方爆发,正是因为它们都具有过于依赖投资而实体经济基础薄弱的特点。①

回想当时,迪拜地产市场狂热到只要缴纳10%的土地出让金作为首付,房屋开发设计图纸一公布就开始卖房子,甚至有的房屋已经被转卖好几次,而实际上还没开工。然而,在2008年全球金融危机冲击下,项目停工、房屋资产雪崩式贬值也成为迪拜泡沫破灭的象征。据说危机爆发期间,阿联酋3000亿美元规模的建设项目一半处于停工状态,被暂停的项目价值高达750亿美元,迪拜CBD所在的扎耶德路两侧晚上漆黑一片。

那么迪拜能否舍弃那些阻挡经济复苏与前进的无意义的奢华,凭借多元化经济模式和开明政策再创奇迹呢?2010年,阿拉伯世界最著名的文化刊物《阿拉伯人》曾撰文对刚刚度过危机的迪拜的发展状况予以关注,并对其未来前景表示乐观。

---

① 方宁:《"迪拜危机"与"迪拜模式"之辩》,《中国对外贸易》2009年第12期,第32—35页。

文章指出：虽然受到重创，但是各国经济学家都对迪拜的前景保持乐观态度，迪拜危机虽然是全球经济衰退的催化剂，但同时也是对本身发展的一种刺激，相信这种刺激会激励迪拜人继续靠着争第一的信念，面对未来的挑战与困难，继续其在海湾乃至整个世界舞台上所铸建的辉煌。未来 10 年内，迪拜的经济建设不会像以往一样轻松地实现利益最大化，经济多元化仍将是迪拜发展的主要方向，但是具体措施的调整以及相关政策的改革将或多或少影响多元化进程。迪拜媒体村负责人说："将传统经济尽快转型为电子型、科技型的商贸形式已经成为迪拜继续发展的必经之路……对媒体领域的改革是吸收先进发展理念的最有效途径。"①

媒体村内的国内外媒体及企业高效进行着新闻、广播、媒体宣传、广告出版等方面的工作，这些高科技含量的工作吸引了大批本土科技人才，也逐步打开了媒体市场。例如，以阿拉伯电影为代表的阿拉伯本土数字和数码产品正通过媒体村的全球化运作走向世界。迪拜还将"硅谷"搬到了海湾，即迪拜网络城。还有就是迪拜知识村，它是迪拜注重教育、科研事业发展的一个集中体现。知识村内各大企业主要从事教育、培训、研究等事业，它的建成预示着海湾地区在储备与培养智力资源与人力资源方面有了新的突破和竞争力。

为了消除投资者的不安，迪拜政府甚至在玛瑞纳（Marina）地区打出了巨幅广告标语——"保持冷静，这里没有泡沫"。迪拜之所以能迅速从金融危机的冲击中复苏，首先是因为其受金融危机的打击并未如外界所想象的那般严重；其次，作为不足

---

① 海达尔·苏莱曼：《迪拜：危机后的复兴之路》，刘辰编译，《海外文摘》2010 年第 7 期，第 4 页。

千亿美元的小型经济体,迪拜调整政策相对容易,尤其是房产交易政策。

在金融危机前,迪拜政府 2002 年出台允许外国人在迪拜永久持有物业的政策,引爆了迪拜地产市场。而 10％房屋首付款、1％房屋产权转让登记费外不存在房产税、流转税、置业税,甚至没有增值税的免税政策,则使地产交易几乎没有任何管控闸门。危机爆发后,迪拜政府采取一系列措施进行地产市场的调控,如将现房登记费用从交易价格的 1％提高到 4％,对期房销售征收卖价 8％的交易费用;若购买期房,贷款上限一律为交易价格的 50％,贷款偿还年限最多 25 年,每月还款额不能超过买家月收入的 50％,总额不能超过国内买家 7 年、国外买家 8 年收入的总和。迪拜同时也吸取金融危机前独自承担大型项目建设风险的教训,危机后,在大型建设项目上力推"PPP"模式(Public-Private-Partnership,即公共部门与私人企业合作模式),由迪拜方面公布项目计划,与中标投资者共同建设、分享。这种做法与伊斯兰金融所倡导的金融机构之间密切合作以及风险共担、公平竞争等原则更为接近与契合。伊斯兰提倡发展经济,允许正当合法交易,若有多余的资本,伊斯兰倡导以"合资经营""合伙耕种"等投资或融资形式发展,从而保证资本流通,反对将其储存。伊斯兰鼓励穆斯林投资,在商业运作中成为共用利润和共担风险的合作者,而不是成为债主。按照伊斯兰教法的规定,不管是在工业、农业、服务行业,还是在简单的贸易中,资金的提供者和资金的使用者都必须平等分担投资的风险,以便使社会各阶层受益。

长期来看,迪拜的发展同样面临竞争与压力。一旦周边国家纷纷实现政治稳定、走向开放,迪拜过去长期所享有的"和平红利"和"开放红利"也将相对减少,同时迪拜模式正在被其他酋长国和海湾其他国家模仿、复制。以自由区为例,这个模式在阿联酋取得了巨大成功,海湾其他国家如今也开始纷纷效仿。比如,沙特正在红海沿岸筹建一个投资5000亿美元,名为NEOM的经济区,这个占地面积25900平方千米的新城市将重点关注生物技术、互联网科技等9个行业。阿曼也正在进行苏哈尔港自由区的大规模扩建。据称,目前海湾国家仍有十几个自由区正在建设之中,迪拜特色面临挑战与压力。

双城记——阿布扎比与沙迦

　　记得有人这样描述我们目前所生活的年代：我们生活在一个不安全和不确定的时代，因为时代发展的脚步前所未有的快速，因为信息化的冲击，因为太多昨天从未听说过的名词在明天就成了你生活中不可忽视的一部分。迅速变化的世界，让我们有更多机会面对一个新的地区、一座新的城市，需要我们了解更多新的知识、习惯和文化，让我们去领略和思考在这个充斥着变化的年代里，分布在不同城市中生活的人有着怎样不同的故事。我们时常对中国城市的特点与气质品头论足，例如北京的雄浑、上海的精致、苏州的典雅、西安的质朴、武汉的浓烈，更用"明前的龙井"来形容杭州城市的毓秀与韵味。其实，不仅我们中国的东方之城有着各自纷繁的历史和独特的气质，远在亚洲西端的阿联酋，其首都阿布扎比、商都迪拜以及文都沙迦，尽管头顶同一片蓝天、脚踏同一块土地、面朝同一汪大海，但在纷至沓来的众人面前，同样展示着各自独特的时代气息与文化原味。

　　如果说阿布扎比是一位低调稳健的长者，那么迪拜是一个风情无限、魅力尽显的新娘，而沙迦则是一个沉静雍容的处子；阿布扎比在悠扬的弦琴声中闲庭信步、环顾四周，迪拜则伴随着中东紧凑密集的节奏，扭动腰肢，跳着激情热烈的东方舞，而沙迦在柔和的灯光下，品着阿拉伯红茶，全神贯注地品读着一本书；阿布扎比如同一位圆滑世故的长者，透过弥散的阿拉伯水烟,洞观周遭风云变化,迪拜就如同一个初涉世事的青年,步履矫健,边奔跑边用眼睛观察着周边的一切,而沙迦更像一个步履沉稳的中年人,白袍飘逸,周身散发出洗尽铅华后淡淡的烟火气息;阿布扎比如同根深叶茂的松柏,迪拜就是树影婆娑的椰枣林,沙迦则是随性而生的骆驼刺。

低调的奢华:阿布扎比

说到阿联酋,人们第一个想到的往往是迪拜,甚至有的人以为迪拜就是阿联酋的首都,而真正的首都、面积占全国面积80%的阿布扎比却被忽视了。阿布扎比位于波斯湾的一个 T 字形岛屿上,隶属于阿布扎比的大多数岛屿曾经是荒凉的沙漠或沙丘,没有人烟,连椰枣树都找不到一棵。这里曾是一个地地道道的以捕鱼、采珠为生的贫穷渔村,但是随着 1958 年的石油大发现,昔日落后的贝都因渔村的命运发生了逆转,实现了真正的富可敌国。1958 年阿联酋石油生产起步,1962 年开始出口石油,迄今已成为世界第五大原油出口国、阿拉伯第二大原油生产国。截至 2009 年底,阿联酋已探明原油储量占世界总含量的 9.6%,居世界第六位,天然气储量 6 万亿立方米,居世界第五位,其中,阿布扎比酋长国原油储量与天然气储量分别占全国总储量的 94% 和 92%,在阿联酋诸酋长国中占据着无可匹敌的绝对优势。阿联酋三大石油公司——阿布扎比陆上石油公司(ADCO)、阿布扎比海洋石油公司(ADMA)和扎库姆发展公司(ZADCO),均由阿布扎比国家石油公司(ADNOC)控股 60%,剩余股份由外国公司共同持有。这三家石油公司原油产量占阿联酋全国原油总产量的 96%。

"阿布扎比"在阿拉伯语中有"羚羊"的意思,但至今也没人确切地知道其真正来源。主要的传说认为,扎耶德总统的祖先亚斯部落在进入阿布扎比岛时,发现该岛上到处是羚羊,故把此岛叫作阿布扎比。另一传说是,从前有一猎人在岛上追捕一只羚羊,到干渴得无法忍受时,他只得弃羊寻水,结果只找到一口枯井,猎人和羚羊都因渴而死。当人们在井边发现猎人和羚羊的尸体后,便把此井叫作"阿布扎比",后来这一名字就成了此岛与酋长国的名字。还有一传说称,从前该岛叫"乌姆扎比"(羚羊之母),后来在某酋长的诗中出现了"阿布扎比"一词,于是人们便用阿布扎比代替了乌姆扎比。

早在石器时代就有人类生活在这里。从已发掘的古迹看,阿布扎比的历史与文明可追溯到公元前 4000 年。公元前 324 年,亚历山大的军队占领了海湾地区,随后,它又先后被希腊人和罗马人控制。此后,罗马人与波斯人曾在这一地区进行了长达 300 年的战争。伊斯兰教兴起后,穆斯林军队扑灭了这场旷日持久的战火,结束了外来势力对这一地区的控制,使该地区形势趋于稳定。到倭马亚王朝时期,海湾地区已发展成为世界性的航海与海上贸易中心。亚斯部落是由许多小部落和家族组成的部落,以布法拉哈族为领导核心,而布法拉哈族又由阿勒纳哈扬、萨阿敦等四大家族组成,其中阿勒纳哈扬家族为老大,自 200 年前就在布法拉哈族中处于领导地位。18 世纪末,阿勒纳哈扬家族的伊萨·本·纳哈扬将亚斯部落的子孙集合在他的旗帜下,从此开始了阿勒纳哈扬家族对阿布扎比酋长国的统治,直到现在。

发现石油之前的阿布扎比确实是一片荒漠,仅有 4.6 万人口,除了几棵椰枣树和遍地的骆驼刺外,只有为数不多的用土块砌成的房屋。但如同迪拜拥有马克图姆家族一样,阿布扎比也有一个有远见的家族——阿勒纳哈扬家族。阿联酋在未发现石油之前,人们常常看见老酋长扎耶德站在寸草不生的沙漠上说一些当时让他们感到奇怪的话,描绘着他们当时还看不懂的宏伟蓝图——在这里建一所学校,在那里建一座医院,再建一所大学,还有公路网。可是没有钱,怎么才能实现这一切呢?阿拉伯最诱人的故事就是发现宝藏,一笔从天而降的财富改变了一切。1958年,阿联酋发现了石油,给这片地区带来了福音。阿布扎比的统治者阿勒纳哈扬家族靠着一桶桶"黑金"果真在沙漠里盖起了理想中的学校、医院。

阿布扎比是个混合却不混乱的地方。现代化的因子在这里无处不在,一座座摩天大厦拔地而起,超豪华的酒店鳞次栉比;然而其传统的"面纱"也从未被当地人轻易地摘下,忠诚与接纳在这里得到了最好的诠释,就像它同时张开双臂欢迎来自世界各地的游客一般,保持神秘又热情洋溢。

1971年,阿拉伯联合酋长国成立,作为首都的阿布扎比也发生了更加巨大的变化。而今,这里的人不再靠吃椰枣充饥,荒凉、落后的景象也早已一去不复返,这里已是一座现代化的城市,在艳阳的照耀下焕发着勃勃生机与巨大活力。在扎耶德的带领下,阿布扎比人将这片土地变成绿树成荫、高楼林立、道路纵横的宜居之所。许多初访这个地方的游客都会惊奇地发现,这里与人们潜意识里的沙漠之城大不相同。"沙漠之城"的说法对它而言似乎已不再贴切,现在的阿布扎比应该被称为沙漠中的新绿洲、海湾南岸的一颗璀璨明珠。

英国专栏作家乔·班尼特在其游记式作品《看不见的迪拜——一个西方人的亲历记》中谈及阿布扎比与迪拜两座城市之间的关系时,说到他曾不止一次听到十分有趣但煞有介事的类似于阴谋论的坊间说法,那就是"迪拜归根结底是个试验品,阿布扎比的试验品",因为"阿布扎比非常富有,但是它的统治家族极其保守,觉得失败会有辱名声,所以就把迪拜当成试验对象,主要在这里尝试一些赚钱的法子。他们暗中出钱推动迪拜的旅游市场、商业市场、金融市场等,然后看运作结果如何。如果迪拜垮了,阿布扎比只会假惺惺地惋惜两声,然后甩手而去;但是一旦成功,它就会从中获得丰厚的利润,并且将最好的方法搬回自己国内"。关于支撑这个论点的理由,支持者认为,迪拜不可避免地在很大程度上受制于它财大气粗的邻居,因为阿布扎比在所有的大型承包项目甚至在极为成功的阿联酋航空公司中都握有过半的股权。这种观点是否正确、数据是否确凿,我们姑且不论,但从另一个角度来看,在迪拜的发展乃至整个阿联酋国家的发展进程中,阿布扎比的影响力确实不容小觑。

　　中国有句谚语:"不到长城非好汉。"那么对于造访阿布扎比的游客来说,如果不去参观一下阿布扎比罗浮宫和扎耶德清真寺,那么也不算真正到访过这座低调、奢华而不失凝重的城市。

　　阿布扎比罗浮宫位于萨迪亚特岛上,由法国著名建筑师让·努维尔打造,是一座漂浮在海上的博物馆,也是阿布扎比颇具代表性的艺术建筑。

　　建筑主体是简约的纯白风格,上面被多层镂空的穹顶所覆盖,若隐若现的光线透过7850个金属质地的空隙照射进来,成

阿布扎比罗浮宫

为该博物馆的独特亮点之一。

　　阿布扎比罗浮宫不仅在建筑方面极富艺术价值,更重要的是这里拥有众多世界著名典藏,馆内 300 多件典藏珍品来自法国罗浮宫等 13 所法国著名博物馆,游客可以在这里近距离欣赏众多传世真迹。因此,该馆一开门营业便吸引全球旅行者蜂拥而至。

　　阿布扎比的扎耶德清真寺,是为了纪念阿联酋第一任总统扎耶德而建的,总共耗资 55 亿美元,历时 13 年才完成,是全球耗资最多的清真寺。阿联酋当地人将扎耶德清真寺视作一个"全球协作"的地标性建筑,清真寺融合了来自伊斯兰世界不同国家的建筑风格,凝聚着多元而和谐的美工设计,它的设计采纳了摩洛哥模式,外墙建筑吸收了传统阿拉伯、土耳其和巴基斯坦等多种风格。扎耶德清真寺整个建筑群都用来自希腊的汉白玉包裹着,在灿烂的阳光照耀下,庄严肃穆而又熠熠生辉。清真寺中有一块世界第一大手工编制的地毯,由伊朗马什哈德地区的 1200 名妇女手工编制,历时一年半才得以完成。整块地毯面积达 5627 平方米,重达 34 吨,用的都是来自伊朗和新西兰的顶级羊绒,造价达 580 万美元。清真寺中安装的全部是德国施华洛世奇水晶吊灯,而祈祷大厅的水晶吊灯价值千万美元。寺内有一面墙壁雕刻了

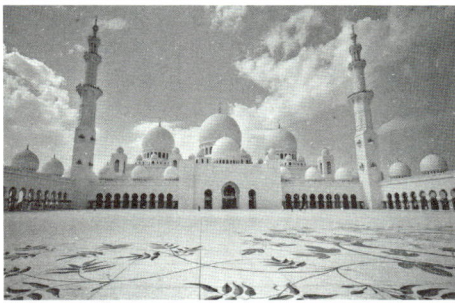

阿联酋扎耶德清真寺

《古兰经》经文,圣典的每一个文字都由 24K 金镀成。值得一提

的是,扎耶德清真寺是唯一一座允许女性从正门进入的清真寺,这一做法的意义非比寻常,它从宗教的侧面反映出阿联酋开放和包容的文化特点。扎耶德清真寺虽然被视为世界上最奢华的清真寺,但它想传达的理念却是"钱财不是人生的终极目标,精神追求才是长久永恒的"。

　　除了阿布扎比罗浮宫和扎耶德清真寺,阿布扎比还有许多值得光顾且令人流连忘返的必须体验之处。例如坐落在阿布扎比亚斯岛的全球最大的华纳兄弟品牌室内主题乐园——阿布扎比华纳兄弟世界主题乐园以及阿布扎比法拉利主题公园,还有就是位于阿拉伯湾西南方、一半海洋一半沙漠的萨巴尼亚岛,这里曾是阿布扎比酋长家族的私人度假岛屿,今以阿拉伯野生生物的天然庇护所而闻名于世。

阿布扎比法拉利主题公园

情调的述说:沙迦

　　"沙迦人性情温和而风雅,他们心灵高尚颇有觉悟。"[1]这是

---

　　① ［科威特］哈达耶·苏尔姐·萨利姆:《海湾拾贝》,解传广译,世界知识出版社1984年版。

科威特女作家哈达耶·苏尔妲·萨利姆在 20 世纪 80 年代初期访问沙迦时对这个酋长国民众的美好印象。

沙迦是阿联酋第三大酋长国,也是唯一一个在阿拉伯湾和阿曼湾均有海岸线的酋长国,东靠阿曼湾,西临阿拉伯湾,面积达 2600 平方千米,相当于阿联酋总面积的 3.3%(不包括岛屿)。沙迦的历史可以追溯到 5000 年以前,"沙迦"的名字在阿拉伯语中意为"初升的太阳",该名称最早出现在古希腊地理学家托勒密在公元 2 世纪绘制的地图上。1490 年,阿拉伯著名航海家艾哈迈德·伊本·马吉德在驶经阿拉伯湾水域时,其航海记录中也提到了沙迦。跟大多数其他酋长国一样,沙迦的发展分为石油前时代和石油后时代。在发现石油之前,它主要依靠航海贸易、采珠业和畜牧业发展经济。石油的发现为之带来了巨额财富,随之石油成为其支柱产业,但在数十年的发展过程中,沙迦逐渐走上了一条充满传统人文元素的现代发展之路。如果说阿布扎比是阿联酋的政治中心,迪拜是阿联酋的经济重镇,那么沙迦则是阿联酋甚至海湾阿拉伯国家不折不扣的文化之都。

相较于其他酋长国,沙迦的历史人文价值尤为突出。1998年,联合国教科文组织特授予沙迦"阿拉伯世界文化之都"的称号,以表彰其在文化教育与遗产保护方面所做出的突出贡献。同时它还享有"伊斯兰文化之都""阿拉伯旅游之都""世界图书之都"以及"WHO 健康之城"等文化美誉,在阿联酋的宗教和传统文化领域有着举足轻重的地位。同时,沙迦是阿联酋的教育中心,沙迦大学城中有诸多在地区中颇有名望的学校,如沙迦大学、沙迦美国大学、沙迦航空学院等,教育实力雄厚。而且在这个只有 2600 平方千米的酋长国里,有大大小小博物馆 24座,其中 9 座是世界级的博物馆,如艺术博物馆、考古博物馆、伊斯兰文化博物馆等,它们勾勒出了这个国度的前世今生。从科学博物馆中可以看到,阿拉伯人很早就开始利用灌溉技术,学会观察星空以用于航海;文化博物馆则讲述了各种阿拉伯婚恋习俗,石油时代前沙迦人民的谋生手段和传奇故事;艺术博物馆将阿拉伯艺术的珍藏和创新之美向人们呈现,让人体验与众不同的艺术之旅;伊斯兰文化博物馆则让人开启一段奇异的时光旅行,不同时期、不同地区的伊斯兰文明成果以实物的形式向人们一一呈现。

每一座城市都有着自己的标志性景观,成为这座城市的中心,见证着它的兴衰,触摸着它潮涨潮落的脉搏,如北京的天安门、上海的外滩、西安的鼓楼、杭州的西湖……在沙迦,也有着这样一个城市的中心,那就

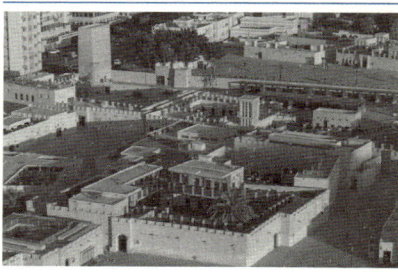

沙迦之心

是"Heart of Sharjah",意为"沙迦之心"。那为什么这里被称为"心脏"呢?因为这里是沙迦的起源地,整个沙迦的文明从这里开始,从这里扩散开来。与此同时,现在的沙迦之心又是集文化、建筑和古老遗迹为一体的地方,展现了酋长国最纯正的一面。看来,沙迦之心这个名字名副其实。沙迦之心的占地面积约为35000平方米,是当地最大的古迹保护项目,拥有许多博物馆、画廊、古老集市和历史悠久的房屋建筑,是外界了解沙迦历史、传统和文化的重要窗口。在这里,有异彩纷呈的人文景观期待人们来品读,有许许多多的历史故事等待人们来发现。例如沙迦城堡博物馆展示了许多珍贵的文物和摄影作品,向人们讲述着2个多世纪以来的沙迦城堡生活以及周围的变化;那

不达大宅博物馆则是依托建于 1845 年的一户阿拉伯富裕人家的故居,如今成了传统和建筑艺术的见证者;沙迦古迹博物馆则从风景、生活方式、庆典等 6 个不同的方面向大家一一展示了沙迦丰富的传统文化;阿尔阿莎市场是阿联酋最古老的市场,这里售卖各种当地的手工艺品以及当地特色饮食。

　　不要以为这座以低调沉静为底色的城市仅仅满足于成为传承古代文化遗产的地方,其实在它安静的面纱下涌动着引领地区当代艺术发展趋势的文化雄心,近年来它更是希望能够成为与纽约和伦敦等国际大都市齐名的艺术殿堂。最典型的例证就是每两年举办一次的"沙迦双年展",它由沙迦艺术基金会主办,从 1993 年至今已走过 20 多年的历程。起初它仅仅是一个关注海湾国家的地区性的传统展事,现今已成长为较成熟的世界性大型学术性艺术展览。它的宗旨是以委托或挑选的方式,展示有创新和挑战性的艺术作品。如果这样介绍过于抽象的话,下面选取的两届双年展的介绍或许可以带来更为直观的了解和感受。

沙迦双年展艺术广场

　　例如 2013 年的第 11 届沙迦双年展中,主办方试图带着大家重温海上与陆上丝绸之路曾经对世界产生的影响,找出东西方文化共有的历史渊源,进而思考在当代语境中阿拉伯半岛所扮演的具有历史意义的地缘政治性和文化性角色。这次双年展的主要特色之一就是将 100 多件作品以开放的形式分别展示在沙迦的古老庭院建筑中。这种完全以西方视角策划并执行的双年展,将人们带入阿拉伯传统情景中,用新的艺术形式在老建筑中展示当代作品,显示出沙迦的文化雄心。①

而 2017 年的第 13 届双年展则将重点放在了基础设施建设和未来发展战略的宏观叙事上。其中,阿联酋艺术家海因德·迈扎伊娜的摄影作品《迪拜花园》,通过数十张植物的照片,展现了迪拜城市空间中公共的或者私人的绿色空间,试图诠释绿色空间如何改变城市生活,力求改变迪拜在人们心中拜金与奢华的负面印象,树立其环保与可持续发展的正面形象。

沙迦双年展的重要文化价值之一在于,立足阿拉伯的古老传统,利用西方的运作模式和视角,使沙迦这朵在蓝色的阿拉伯湾静静绽放的阿拉伯文明之花自信地向西方中心论者昭告,阿拉伯文化正在延续着曾经引以为豪的包容性与创新精神。

说到这里,或许人们要问,沙迦在进入石油时代后,何以走上与阿布扎比和迪拜等酋长国截然不同的复古文艺的道路呢?除去为顺应国内与地区政治、经济形势变化以及实现酋长国多元化发展的需要之外,还跟沙迦当今的统治者苏尔坦·本·穆罕默德·卡西米的执政理念和对阿拉伯文化事业的钟爱有关。翻看一下这位酋长的个人履历就不足为奇了。他 1939 年 7 月出生于沙迦,1971 年毕业于开罗大学农学院,1985 年毕业于埃克赛特大学历史学专业并获得博士学位,1999 年毕业于杜伦大学政治地理学专业并获得第二个博士学位,1972 年起成为沙迦

---

① 李鲷:《沙迦双年展:当代语境下的阿拉伯》,《艺术与设计》2013 年第 5 期,第 142—149 页。

酋长国酋长,是阿联酋各酋长国中唯一拥有博士学位的酋长。也许是有着深厚文化教育背景的原因,苏尔坦酋长非常热心于文化事业。早在 20 世纪 80 年代,在谈及阿拉伯文化事业时,他就表达过自己对于阿拉伯文化事业的关注与忧虑:"我读过塔哈·侯赛因、阿巴斯·马哈茂德·阿卡德的作品。这些博学者的继承人现在在哪里呢?""在艾哈迈德·邵基和阿里·马哈茂德·塔哈之后,又有哪些人高举诗坛的大旗呢?"当酋长身为文学家的姐姐在从事社会文化工作中遭到非难时,他对她的工作给予了充分支持和肯定,并鼓励她:"如果知识分子不去工作,那么又有谁来办这些事业呢?"①

值得一提的是,在他的引导下,整个沙迦王室都热衷于艺术与文化。酋长之女霍尔公主从伦敦的艺术学院毕业回到沙迦后开始接管沙迦双年展,并最终将其打造成一个具有国际视野的真正意义上的艺术展览。

苏尔坦酋长对复兴阿拉伯文化的热衷有时让人觉得几近痴狂。他计划在 2025 年前把老城区里的现代化建筑全部推倒,恢复成石油时代前的建筑,以保存历史地标,包括考古遗址和博物馆。这个计划,就是前文介绍的沙迦的城市文化名片——"沙迦之心"。

有中国的背包客将沙迦比作中国著名的休闲城市成都,或许两者确实有着一些相似之处:经济不是十分发达但节奏舒缓、休闲宜居,不事张扬却有着独特的文化品位与浓重的人文气息。或许对于每年接踵而至的观光客而言,沙迦大大小小的各色博物馆、活动丰富的艺术展览、沙迦之心老城区散发着浓

---

① ［科威特］哈达耶·苏尔姐·萨利姆:《海湾拾贝》,解传广译,世界知识出版社 1984 年版。

郁古朴气息的珊瑚旧城墙,无非就是体验充满伊斯兰现代与传统风情的旅游参观的景点而已,但对于沙迦城市本身以及当地人而言,却有着更加深层次的社会价值与人文内涵。这些地方为人文思想相关的深层活动提供了生长的场域与逗留的空间。沙迦文化之城的打造,绝不仅仅是通俗文化、庶民文化、商业文化与管理文化的培植,更多的是为思想经验的累积、创作灵感的迸发、细致体验的营造提供更为广阔的空间。在这里,作家可以写作,音乐家可以谱曲,画家可以作画,学者可以著述,或许这才是沙迦领导者的良苦用心所在。

关于沙迦浓郁的伊斯兰文化氛围,人们不禁会产生这样的疑问:同属阿联酋联邦体制之下,有着相似的地理资源环境和历史发展进程,为何沙迦同阿布扎比、迪拜在城市发展开放程度以及对于传统的诠释方面存在一定差异呢?实际上,同迪拜一样,沙迦酋长国也是建在海湾内湾的一座沿海小城。过去沙迦的知名度和影响力远胜于今天,在迪拜崛起之前,沙迦一直都是阿联酋繁华的象征。事实上,早期的沙迦拥有优于迪拜的基础设施和不亚于迪拜的自然地理条件,它曾经拥有该地区唯一的简易机场,港口内停泊着该地区最多的船只。沙迦曾是整个中东的交通枢纽,工业非常发达,甚至占到了整个阿联酋工业生产总值的45%,外国公司来阿联酋投资,都会将办公室设在沙迦,可以说当时的沙迦俨然成为外来人口前往阿拉伯地区的第一站,沙迦城内的外来人口已颇具规模。然而好景不长,领导层对形势的估计不足且缺乏当机立断的措施,导致沙迦在后来的发展中错失良机。问题主要出在对海湾的疏浚方面。几乎是同时,沙迦和迪拜各自赖以生存的海湾都出现了变窄的情况,一年当中有好几个月无法通航,当时的沙迦酋长没有采取任何措施,导致情况愈加严重,而同期的迪拜的拉希德酋长凭借其政治与商业的敏锐触觉意识到了问题的严重性,于是不惜举债投重金将河道疏通,从此曾经前往沙迦的大量货船转而驶往迪拜,许多驻留沙迦的客商也开始来到迪拜。但是凭借着机场的优势,沙迦仍一度占据阿联酋国内旅游业的中枢地位。可是自20世纪80年代初开始,沙迦可谓天无时、地不利、人失和,连续经历了统治家族内部的政变、财政危机,真是麻烦不断,作为联合酋长国老大哥的阿布扎比数次伸出援手帮其解困。当后来沙迦深陷国际债务危机时,阿布扎比无力进行干预,只得敞开大门允许沙特阿拉伯的财团介入,对沙迦提供了一揽子救援措施。但是天下没有免费的午餐,对沙迦而言,获得沙特的财务支援所付出的代价是昂贵的,沙特由此在沙迦获得了更大的影响力和发言权。这些影响力具有明显的伊斯兰特征,沙迦方面不得不通过一系列法规,严格推行伊斯兰教义,其中最重要的一条是全面禁酒,不仅在公共场所禁酒,而且在私人住宅也禁止饮酒。据说沙迦全城唯一能够买到酒的地方是由外国人成立的橄榄球俱乐部,并且只为外国人提供服务,是经由酋长法令允许才获得了卖酒执照。此外,为贯彻严格的"风化法令",沙迦方面甚至试图鼓动阿联酋的联邦移民官对年龄在30岁以下的单身女性拒绝签发居留签证,目的是阻止娼妓流入阿联酋。"虽然可以辩解说对于维护卡瓦西姆协商统治中的重要组成部分,即宗教及文化的正统性而言,这些要求是必需的,但大多数人觉得,苏尔坦的这些做法过于苛刻,阻碍了沙迦自身吸引外国投资和旅游者,因此沙迦只能从其近邻迪拜的成功中沾点光。"[1]尽管有人认为沙迦对于伊斯兰宗教戒律的

---

[1] 〔英〕戴维森:《迪拜:脆弱的成功》,杨富荣译,社会科学文献出版社2014年版。

执行过于严苛而显得缺乏活力,但也有人觉得沙迦在用石油提供的财富完成现代化的基础建设之后,还能继续保持这种对宗教的敬畏,这样既古老又现代的沙迦更迷人。而事实上,沙迦在保持信仰传统虔敬的同时,并未停止开放与发展的脚步。2017 年的经济统计数据显示,该年度沙迦酋长国在经济领域的一系列成绩可圈可点。沙迦航空业、建筑业、医疗保健业、制造业、房地产业、零售和分销业以及旅游业等均表现良好。沙迦外国直接投资办公室表示,截至 2017 年底,沙迦吸引外国投资超过 10 亿迪拉姆(约合 2.72 亿美元)。2016 年,沙迦启动了沙迦科技创新园、沙迦媒体城自由区和沙迦出版城等多个项目;2017 年,沙迦酋长还批准了沙迦健康城项目。这些新自由区的建立属于沙迦经济规划战略的一部分,其目的是通过吸引创新型企业,引领沙迦进入第四次工业革命。此外,沙迦最大的自由贸易区哈姆利亚自由区(Hamriyah Free Zone)管理局启动了沙迦食品园项目,规划总面积达 1100 万平方米,投入数十亿美元,旨在建成中东、北非地区食品工业的区域枢纽。同时,2017 年上半年,沙迦酒店接待游客共 88.5 万人次,同比增长 3.5%。来源地包括中国、印度、阿曼、俄罗斯以及最大客源市场沙特,沙迦旅游业前景看好。

传统和现代——矛盾的存在

喜欢收看美剧的朋友,是否还记得 HBO 出品的时尚美剧《欲望都市》? 这部 20 年前横空出世的作品讲述了四位极具个性与魅力的美国现代都市女性,在纽约曼哈顿把玩时尚与生活。花枝招展的时装造型与敢爱敢恨的情感生活引领当年的美剧一步步走向"不靓衣裳何来美剧"的繁盛时代,有人甚至将其奉为女权主义与时尚美剧的鼻祖,成为时尚美剧迄今难以逾越的高峰。而且这部美剧还被搬上了银幕,拍成了系列电影,其中电影系列的第二部更是以阿联酋为故事发生的背景地,讲述了四位女主人公在阿布扎比这座她们心目中充满异域风情的新中东城市的所见所闻所感,以及一系列令人啼笑皆非的邂逅和艳遇,再次将女权主义置于观众关注和议论的核心。影片中有一个片段,讲述了以肆意纵情的性感风格著称的公关经理萨曼莎一段令人哭笑不得的异国艳遇的故事,看似荒诞不经,细细想来却有一些让人欲求其解,值得深入思考的地方。故事是这样的,在四人的豪华之旅期间,萨曼莎遇到一个在阿联酋公干的丹麦摄影师,两人干柴烈火、一拍即合,于是在一个公开的晚宴场合极尽缠绵,萨曼莎的举动尤其暧昧和挑逗,结果他们的行为招致坐在不远处的一对衣着传统的阿联酋夫妇的反感。愤怒之下,那对阿联酋夫妇最后叫来警察把两个正在海边沙滩上欲行男女之欢的露水鸳鸯抓了起来,在警察局里关了整整一夜。萨曼莎的行为就是人们常说的 PDA(Public Display of Affection,意为"公共场所亲热"),指的是在公共场合进行牵手、拥抱、亲吻、爱抚等身体上的亲密接触。在世界上许多地方,这些亲密方式无可厚非,但在某些地域文化中,这种公开的亲密行为是令人反感,甚至是法律规范明文禁止的,其中就包括阿联酋。如果上述事例因来自电影情节而缺乏说服力,那么下面来自媒体的真实报道或许更加令人信服。

据当地媒体报道,一个阿联酋妇女举报说她在朱美拉海滩的餐厅里面看见一对外籍男女彼此公开亲吻和抚摸。涉事的25岁英国女游客和24岁在迪拜工作的英国男子是一对夫妇,他们一开始并不认罪,并且否认在公开场合接吻,丈夫解释说:"那只是在她的脸颊轻轻一吻。"之后他们在上诉法庭的时候承认他们饮了酒。最终迪拜上诉法庭判处这对在公共场所醉酒后亲吻的英国夫妇有罪,处以罚款1000迪拉姆,并入狱一个月,他们在刑满之后还将被驱逐出境。

无独有偶,在迪拜老城一家商店里,一名顾客看见一对情侣接吻,便报了警。随后检察官控告了事件中的伊朗男子和南非女子,罪名为在公共场合行为不检点和当众接吻。当事男子向迪拜上诉法庭做了无罪辩护,同时这名南非女子也向主审官表示他们确实互吻了,但只是吻了脸颊。由于缺乏确凿的证据,法庭最终宣布这对情侣无罪。

事实上,之前发生过很多类似情况,很多情侣犯下了与性有关的犯罪行为,最终不得不通过结婚的方式来减刑或缓刑。然而,在很多案件中,虽然一纸婚书帮助情侣们减刑或缓刑,但他们最终被驱逐出境。

说到这里,有人不禁要问,阿联酋不是一直以敞开大门、笑迎八方宾客的姿态参与全球化分工吗?它不是一直以经济的开放性与文化的包容性而著称吗?上述现象的发生是阿联酋的国家建设定位上存在自相矛盾的情况,还是在对外宣传和国际形象的塑造方面存在欺骗性?

　　实际上,作为奉行经济自由化和努力接轨全球化的繁荣国度,阿联酋的确有其开放和包容的一面,这一点从一年一度的圣诞节活动当中阿联酋商业场所的"圣诞树现象"可见一斑。以 2016 年圣诞节为例,为了庆祝即将到来的圣诞节,首都阿布扎比著名的皇宫酒店(Emirates Palace)内立起了一棵约 12 米高的圣诞树,十分壮观。它被认为是阿联酋境内最高的圣诞树,而这棵圣诞树绝不仅仅是比较高这么简单。这棵圣诞树上装饰了各式珠宝,包含钻石项链、黄金项链、手镯和宝石。除此之外还有 100 串灯串,以及超过 2100 个进口玻璃装饰品。虽然酒店方没有具体确认,但据估算,这些珠宝的价值约 4000 万迪拉姆。这棵奢华的圣诞树就矗立在阿布扎比酋长国皇宫酒店的大厅内,一路延伸到酒店金顶,吸引了来来往往的游客驻足拍照,赞叹声不绝于耳。同时在其他各大商场、酒店、著名景点都可以看到圣诞树的影子,家家争奇斗艳。不同地方的圣诞树也有不同的特色,例如阿联酋购物中心大厅里的圣诞树,整个装饰非常完整,圣诞树上虽然不像皇宫酒店那样挂满装饰品,但是简简单单的彩灯和五角星看上去非常简约美观;迪拜购物中心溜冰场边搭建了雪球区,旁边摆满了小小的圣诞树装饰。当然,阿联酋商家这些做法绝不仅仅是出于普天同庆、万众欢腾的情绪表达,而是出于追逐利润的商业考量。圣诞节作为零售业重要的销售时机,据说西方人全年购物总额的 1/3 在此期间完成,精明的阿联酋商人当然不会错过这个良机。

　　曾有中国作者在游历过阿联酋后撰文写下《阿联酋:美丽开放的沙漠之国》的文章,对于这个国家的开放、包容与繁华不乏溢美之词,不无夸张地表达了他们初到迪拜时的意外与惊喜:"在赴迪拜的飞机上,我们便已感受到了与科威特完全不同的氛围。中东国家普遍信仰伊斯兰教,伊斯兰教规禁酒,所以即使是外籍人,在科威特也是喝不到酒的。而在阿联酋航空公司由科威特到迪拜的飞机上,靓丽迷人的空姐却推着服务车笑吟吟地问你,是喝果汁、可乐、咖啡,还是威士忌。男士们顿时来了精神,直指威士忌,我先生甚至把胃疼的病因归结为胃缺酒。那一杯杯黄色的液体,仿佛变成了滋润旱地的甘霖,使男士们的脸上泛出红光,漾起幸福的笑容……放下行李,我们便在旅馆指南上找到了酒吧……几个人约好来到酒吧,推开门,悦耳的音乐声便萦绕在耳畔。在酒吧前方的舞台上,一个高挑的金发女郎与一个长得甜甜的黑人小姑娘,在电声乐器的伴奏下演唱英文歌曲。两人穿着

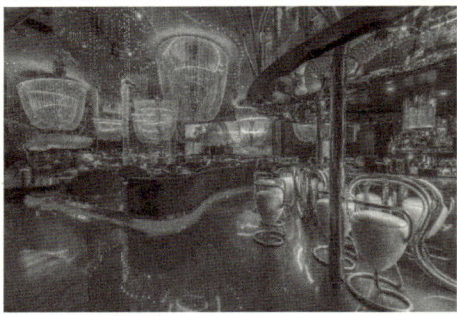

迪拜夜总会

紧身衣、超短裙和黑色高筒皮靴。"[1]

现代与传统,允许与禁忌,这一对看似矛盾的现象组合的确在阿联酋社会生活当中得到了充分展现,但这并非阿联酋国家发展进程中的混乱与无序,而恰恰反映出阿联酋的国家领袖与设计者基于阿拉伯—伊斯兰信仰所体现出的虔敬与务实的交融,以及基于本国国情和国际环境所采取的理性明智的平衡

---

[1] 曹燕:《阿联酋:美丽开放的沙漠之国》,《世界中学生文摘》2007年第10期,第22—23页。

原则。

阿联酋的经济是多元开放的,在这方面,迪拜酋长国更为突出和超前。以迪拜的杰贝·阿里国际贸易自由区为例,20世纪80年代中期,联邦政府颁布了一系列经济政策与法令,包括最著名的《公司商业法》(1984年),要求所有阿联酋成员国都要遵循阿联酋本地人担保或者卡费勒体系,即规定境内所有贸易公司必须由阿联酋人控制大部分股份,具体来讲就是要求所有注册公司资本至少51%是由阿联酋国籍的人拥有。

该法令的真实目的不言自明,就是避免国外资金的大量流入,从而规避主权流失的风险。这样一来,外国公司纷纷表示不满,因为该法令导致其在该国的进一步投资受到了限制。同样感到不快的还有当时的迪拜酋长,即现任迪拜酋长穆罕默德的父亲拉希德,因为他正想方设法进一步敞开迪拜的经济大门来实现招商引资,避免迪拜过度依赖石油而生存的局面,联邦政府的做法无疑有损迪拜酋长国作为一个自由开放港口的名声,同时束缚了拉希德酋长跃跃欲试的手脚。

很快,拉希德酋长决定通过创建一个特别权力机构,避开与联邦法律的冲突,管理在迪拜酋长国以内而处于阿联酋联邦管辖范围以外的专区,他将这些"自由区"分别命名为"媒体城""网络城""保健城"等。这种先驱式的"自由区"作为迪拜城市边缘的一块开放式的经济"飞地"而独立存在,就如同一个个经济自由之岛。

如人们所料,自贸区得到了迅速发展并成为约300家各类公司的大本营,2002年更是扩大到容纳2000家公司的规模。根据2007的数据,在杰贝·阿里自贸区,约25%的公司属于中东地区,超过30%的公司是亚洲的,约45%的公司来自西方国家。在第一个自贸区成功样板的引领下,迪拜周边的阿联酋邻邦也纷纷引入杰贝·阿里模式,一个个开放的自由贸易区纷纷建立,如阿布扎比的哈利法港自由贸易区、阿布扎比国际金融自由贸易区、哈伊马角 RAK 自由贸易区,以及沙迦在阿治曼和乌姆盖万之间的沿海飞地推出的汉姆瑞亚赫自由贸易区等等。自贸区模式在阿联酋逐步延伸,阿联酋经济对外开放的程度向前迈出一大步。

又如在艺术领域,阿联酋社会美术协会主席纳赛尔·阿卜杜拉表示,艺术在阿联酋这个年轻的国家中最初被看作"无价值的",但阿联酋从来都没有停止发展的步伐,在多年面对挑战的情况下,阿联酋社会已经能够接受更多的社会艺术。他同时表示,面临外来文化对本土文化的冲击和挑战,社会大众的思想已经变得十分开放,越来越多地接受和包容不同的艺术形式,甚至有些人辞去现有的工作,专心于艺术创作。在阿联酋,各种社会艺术活动已经比比皆是。阿卜杜拉强调说,新兴的艺术文化在阿联酋甚至得到了政府的支持,国内现在有许多高层次的国际化艺术展览会,包括迪拜艺术展、沙迦双年展、阿布扎比艺术展,还有阿联酋社会美术展览会等。

尽管阿联酋是一个实行全方位对外开放的现代化国家,政策较为开明,但同时不能忽视的是,作为将伊斯兰教奉为国教、居民以穆斯林为主的国家,阿联酋无论是价值观念还是社会文化均以阿拉伯—伊斯兰文化作为其思想、观念及情感的最根本和原初的底色,这是在认识、了解和评判阿联酋社会发展时必须加以考虑和正视的内容。

在宪法的制定和执行方面,伊斯兰教具有举足轻重的作用。"阿联酋忠于其宪法规定的社会普遍公正和坚持法律尊严的原则。奉行宪法规定的公正是审判的基础。在审理各种纠纷和案件中,伊斯兰教法是立法和法官判决的主要依据。"①

在国家的治理方面,作为虔诚的穆斯林,阿联酋国父扎耶德始终坚持将伊斯兰教作为国家建设与发展的精神之源,下面这些语录便是扎耶德总统以伊斯兰信仰为精神之本的集中体现:

"生活中的一切都取决于真主的意志,由真主来安排。信徒们应尽力使真主满意。信赖真主才会取得成功。"

"生活中有一个明显的事实,这就是谁能领导人们对真主的信赖坚贞不渝,真主就会对他满意,他就会成为幸福的人,享有高尚的地位,否则真主就会将这种领导的权力交付给别人。"

"真主一旦对某个民族满意,他就会为它派遣一位他所满意的领袖;如果真主对这位领袖满意,就会将他派到一个他所满意的民族中去,指引他带领他的民族走上正路。"

对于阿联酋开放后外来文化的涌入和影响,扎耶德总统始终秉持伊斯兰教为安邦之本的理性原则,他说:"伊斯兰教主张进步、和平、兴旺、团结。这是阿联酋发展的基础和理念。阿联酋可以吸取西方的科技和优秀文化,但不能接受西方社会的性质。只有这样,才能使我们每走一步,都不偏离我们的伊斯兰遗产,不会使我们离开这片生我们、养育我们的土地的根。"②

一个在阿联酋经商的荷兰人曾这样评价阿联酋这个国家:阿联酋取得的成绩的确令人震惊,因为阿联酋人以前根本不知工业革命为何物,他们直接把骆驼背上的游牧生活变成了手机和传真机的世界。因此,他很惊讶于当地人学习新事物的速度

---

① 中国银行股份有限公司、社会科学出版社:《阿拉伯联合酋长国》,社会科学出版社2016年版。

② 《扎耶德言论集》,[阿联酋]穆罕默德·哈利勒·萨克萨克收集整理,王贵发译,文化艺术出版社1990年版。

和效率。但对于阿联酋社会,他谨慎地表示:"不要被钢筋水泥和金光闪闪的玻璃欺骗。在内心之中,这是个非常保守的社会。"①

在同样信奉伊斯兰教的迪拜和阿布扎比,除了去清真寺,你穿吊带还是热裤,没有人干涉你。外国人可以买到酒精饮料,只是不能在公众场合喝酒,还有专门接待外国人的酒吧。由于不允许公然饮酒,在迪拜公开卖酒得有政府颁发的售酒牌照,而在阿联酋申请酒牌并非易事,且费用高昂。不少地方会偷偷卖酒,但如果被查到会面临高额的罚金和停业的风险,私人售酒还有可能被判刑入狱。众所周知,伊斯兰教是禁止饮酒的,因为在先知穆罕默德时代,酒就被视为在穆斯林生活当中引起事端的祸首。事实上,无论古代还是现代生活当中,因酒乱性、因酒误事的事例不胜枚举,醉酒后的行为可能铸成终身遗恨,所以伊斯兰教禁止饮酒。

尽管对外敞开国门的程度不断加大,但阿联酋政府对于宗教事务以及伊斯兰经堂教育的重视并未减弱。据媒体报道,2017年斋月期间,正值举国上下沉浸在斋月祥和的气氛时,沙迦酋长苏尔坦已批准在皇家卡西米大学设立"古兰经学院"(The Holy Quran College)。古兰经学院涉及与《古兰经》相关的所有科学、书籍和研究。皇家卡西米大学校长拉希德·萨勒曼宣布了沙迦酋长苏尔坦批准设立古兰经学院的决定。他说,这所古兰经学院将成为阿联酋首例古兰经大学。这所新学院不仅隶属于皇家卡西米大学,也是沙迦和阿联酋其他酋长国的古兰经学术研究机构。

---

① 杨冀:《迪拜——中东最公开的秘密》,《世界博览》2005年第3期,第16—19页。

有人在造访阿联酋之后发出了这样的感慨,认为这个地方的人文和它的地理形态居然惊人的相似:一面是干旱的沙漠,一面是欲望的海洋,既信奉真主又忠于逐利的本性,真是充满了矛盾,在禁忌与欲望之间,不知人们该如何抉择,会走向何方。或许困惑的只是外来的看客,阿联酋人对于开放与持守、现代与传统、西方文化与东方信仰之间平衡关系的把握有着自己独到的生活逻辑和处世哲学,这就是充满阿拉伯智慧的信仰与务实的交融。

有这样一个阿拉伯故事:一天,有个人与先知穆罕默德一起旅行,当他们在一个地方停下来过夜时,这个人问穆罕默德,他是应该拴住骆驼,还是应该信赖真主? 在他看来,如果信仰真主就不必拴住骆驼,因为真主是全知全能的,骆驼拴与不拴,结果都一样,但是如果不拴,则面临骆驼走失甚至被偷走的危险。面对这个两难选择,穆罕默德回答他:"信赖真主,同时拴住你的骆驼。"[1]这是一个精妙的回答,信赖真主是精神信仰层面的问题,而拴住骆驼,则是客观世俗的事情,通过这样的回答,信仰问题与务实问题就自然而然地融合在一起了。这也体现出阿拉伯人的生存智慧:既信仰又务实,在务实中信仰,在信仰中务实,将两者精妙地融合在一起。[2]

在阿拉伯民间文学巨著《一千零一夜》中,有一则辛巴达航海的故事,故事当中有这样一个情节:一次,一个名叫辛巴达的脚夫偶遇富商辛巴达后,对跟自己同名的富商辛巴达与自己有着天壤之别的命运十分感慨,于是触景生情,仰天长叹为何同名不同命。脚夫辛巴达的慨叹恰巧被富商辛巴达听到,于是富

---

[1]　高惠珠:《阿拉伯的智慧:信仰与务实的交融》,华文出版社 2017年版。

[2]　同上。

商邀请脚夫到自己家中并告诉他,自己历时 27 年先后 7 次出海航行,在旅途中可谓历经磨难、九死一生,最终平安归来,得以安享平和富裕的生活。脚夫听后深受触动,此后两人成为至交。显然,这则故事是想告诉人们,只有像航海家辛巴达一样在人生旅途中不懈奋斗,才会最终得到幸福的生活。

关于阿拉伯—伊斯兰信仰中所倡导的通过努力奋斗实现现世幸福的信条,迪拜酋长穆罕默德在其著作《我的构想——迎接挑战,追求卓越》中进行了详细的诠释和表达:"在这一时期,阿联酋在各个方面都奋勇争先,取得了令人瞩目的成就。然而,竞赛还在进行之中。为了充分利用全球化带来的发展机遇,取得更大的成就,我们或者可以说:大竞赛尚未开始,我们迄今所做的一切,都不过是为一个时期做准备而已,这一时期始于上个世纪最后 20 年,在最近 7 年里又骤然加速,成为过去100 年里世界上最激烈的一场经济竞赛的前奏。""奖励是巨大的,失败则意味着国家与民族的灾难。因此,当每一个清晨、每一个黄昏来临的时候,我们应该和所有的竞赛者一起赛跑。但是,我们的目的不只是参与赛跑,我们想要的是获胜。谁还记得登上月球或珠穆朗玛峰的第二个人?排名第二的马匹无人知晓,所以我们应该一马当先,我们想要完成最艰难的任务,想要独占鳌头。"①

关于迪拜,有人不约而同地将它与美国的拉斯维加斯联系在一起,认为两者有相似之处:首先,两者都是从一穷二白的沙漠中迅速崛起并快速壮大;其次,两者都找到了专属于自己的特色发展之路;再次,每当提到迪拜或者拉斯维加斯,大众的脑

---

① [阿联酋]穆罕默德·本·拉希德·阿勒马克图姆:《我的构想——迎接挑战,追求卓越》,张宏、薛庆国等译,外语教学与研究出版社2007 年版。

海中往往将其视为"吸金""重利"等纯商业化的代名词。与国际化与全球化接轨,实现经济发展与商业利益最大化,迪拜以及周边其他酋长国以自己一次次大规模的商业活动和一个个令世人瞩目的大型建设项目毫不掩饰地向世人宣告着自己通往世俗财富之路的目的。对于此,迪拜酋长穆罕默德曾这样阐述自己的观点:"赞美真主,甘居他人之后的情况并没有发生在阿联酋,因为我们的领导人深知:经济上位居他人之后不仅意味着一种地位,而且还意味着落后,而领先则意味着全面的振兴与巨大的发展;前者意味着失业、愚昧、贫穷,后者却意味着与之相反的一切。经济落后不仅是一种倒退,而且还是导致发展停滞、社会缓慢死亡的一剂毒药。一旦发展停滞了,滋养人民的源泉便会枯竭,危机便会爆发,安宁与稳定随之崩溃,国家赖以维持的基础就要倒塌,而专制与暴虐就会盛行。只需经历短短几年的萧条,一个国家在发展竞技场上赢得的发展成就、地位与尊重就会丧失殆尽。""经济是生活的要义,无论过去、现在与未来皆然。经济意味着面包、书籍、稳定、繁荣、政治,意味着各民族间关系与利益的本质,还意味着人成百上千种需求的总和。"①迪拜酋长这些话坦率而直接地道出了阿联酋领导人追求经济振兴和实现商业发展的内在逻辑与现实依据。但是这种对世俗利益的追求同样有其深刻的伊斯兰信仰的指引与宗教思想的支撑。正如《看不见的迪拜》的作者乔·班尼特所言:"同样轻易地,迪拜被视为西方自由市场政策最为完美的诠释。但是,迪拜不是西方国家,它姓穆斯林。"

　　阿拉伯人自古重视商业的经营,在伊斯兰教出现之前,阿

---

　　①　[阿联酋]穆罕默德·本·拉希德·阿勒马克图姆:《我的构想——迎接挑战,追求卓越》,张宏、薛庆国等译,外语教学与研究出版社2007年版。

拉伯人就已经善于经商。按照古代历史学家的说法,阿拉伯人不是掮客便是商人。到了伊斯兰教时代,商人的地位仍然很高。下面两段文字形象地描绘出了阿拉伯文化传统中的商人形象及其地位:"这种人为贪求一个迪拉姆金币,从东方跑到西方,又从西方返回东方。不畏路遥,涉水攀山,把生命财产置于脑后而不顾。不怕劫盗与窃贼,不惧咬人的猛兽,无视路途的险峻。把东方的财宝带给西方居民,把西方的珍品向东方人展示,将世界的繁荣视为己任。这些事情非商人而不为。""虽然做买卖和干手艺活不同,干手艺活需要熟练的工艺技术,但实际上,商人的本领更高过工人。"①这段描述距今已有 900 多年,足见阿拉伯人对于商人以及商业活动的尊重与推崇态度了。推崇谋财但不忘义,这是阿拉伯人经商求财的一条道德原则,也是实现义、利平衡的主要手段。

阿拉伯穆斯林商人上述商业行为特征的形成,是基于伊斯兰教所倡导的"义利并重"的价值理念。伊斯兰教的教义"两世吉庆"是穆斯林商人的处世之本,他们既重视信仰追求,又关注现世生活,在经济领域的具体体现就是穆斯林商人一贯秉承的"义利兼顾"的商业操守。"义"指思想行为要符合一定的道德伦理,"利"则可以理解为利益、功利。伊斯兰教的"义"主要包括宗教信仰和宗教道德两方面内容,这在伊斯兰经济思想中占有极为重要的地位,使得伊斯兰经济思想始终具有鲜明的宗教神圣性和深刻的宗教道德烙印。在重视宗教信仰、道德伦理的同时,伊斯兰教同样十分注重现实功利,认为合理合法地去积极奋斗以获取利益,从而达到自我欲望的满足,是真主所允许

---

① 高惠珠:《阿拉伯的智慧:信仰与务实的交融》,华文出版社 2017年版。

的，诚如学者所指出："伊斯兰教不是苦行主义的宗教，《古兰经》鼓励人们利用和享受真主赐予人类的各种幸福。"①

　　崇商、重商的价值取向。伊斯兰教认为真主赋予人类从事商业活动的权利和自由，对信徒从事合法的商业活动予以肯定。首先，体现在伊斯兰教对商人职业的肯定上，《古兰经》多处提到"出外奋斗者""大地上寻找财富者"，主要是指商人，认为经商是受真主喜爱的职业，把为经商而旅行称为"寻求真主的恩惠"。先知穆罕默德曾这样评价商人职业："商人犹如世界上的信使，是真主在大地上的可信赖的奴仆"，"诚实的商人在报应的日子将坐在主的影子之下"。其次，体现在认可财产的有限私有化上。伊斯兰教主张对真主赐予的财富人人皆有同等的拥有权，但同时强调"个人只得享受自己的劳绩"，由于个人才能、健康水平以及机缘等因素的不同，因而在给养方面允许"一部分人超越另一部分人"，这在一定程度上承认个人财富的差异与不均有其合理性。再者，伊斯兰教主张合法范围内的欲利追求，允许通过正常的途径获得利益，"只要是通过合法的正常的无损于他人利益的途径，甚至'穆圣'本人也是讲功利的"。在此信条下，阿拉伯穆斯林商人同世界上其他商人一样，在商言利，在商业谈判时，当涉及价格等关键因素时，若拿不出令人信服的理由，他们往往据理力争而不会轻易妥协。

　　尚义、修德的商业伦理。《古兰经》明确规定："真主准许买卖，而禁止重利。"求利是人的本性之一，利己是经济活动的原始动机，它使经济发展获得动力，从而使人类受益，但同时要有一种力量来制约利己行为朝极端方向发展，将求利活动规范在

---

　　①　刘彬：《在华阿拉伯穆斯林商业行为模式研究——以宁波为例》，《宁波大学学报》（人文科学版）2012年第2期，第122—126页。

利己而不损人或利己同时利他的范畴之内,从而维持经营秩序,实现贸易和谐。"禁止重利"是伊斯兰商业道德的基本准则,它要求人们在商业活动中信守契约,公平交易。关于公平交易,《古兰经》载:"他(真主)曾规定公平,以免你们用秤不公。你们应当秉公地谨守衡度,你们不要使所称之物分量不足。"伊斯兰教强调,每个成员享有的权利和机遇是平等的,得到的尊重是平等的,这样才能减少误解、减少阻力,增进社会发展的动力。因此,在市场交易中,信守公平,不仅从经济上获利,而且是一次宗教道德的实践。关于信守契约,伊斯兰教规定,交易时应当订立契约,契约一经订立就应当严格履行,"当你们缔结盟约的时候,你们应当履行。你们既以真主为你们的保证者,则缔结盟约之后就不要违背誓言","你们不要背叛真主和使者,不要明知故犯地不忠于你们所受的信托"。对买卖中的欺诈行为,伊斯兰教认为,真实无欺是伊斯兰信仰的具体体现,同时又是穆斯林的本色和美德,因此反对背信与欺诈。《古兰经》告诫穆斯林,"你们不要借诈术而侵蚀别人的财产","真主确是不喜欢欺诈者的",因此"将以他们的欺骗回报他们"。

　　以"义利统一"为基本原则的伊斯兰商业道德,在利益与操守相互协调、彼此兼顾的基础上,倡导人们积极奋斗、摒弃消极无为,已成为广大穆斯林商人从事物质生产与经商活动的内在精神动力。经过多年实践,这种精神动力不断积淀、强化与巩固,已逐渐内化成穆斯林商人的情感、信念与素养,并在商业实践中外化为穆斯林商人的自觉行动,成为穆斯林商人群体广泛认同的行为趋向与价值观念。在利益与操守之间相互协调、彼此兼顾成为伊斯兰商业道德的根本原则,同时成为阿拉伯穆斯林商人的基本生存理念,即将信仰和务实精妙融合,在务实中信仰,在信仰中务实。伊斯兰教不鼓励清贫与禁欲,它赋予人们享受物质生活与经济利益的权利,只要这种享受没有超出信仰的范畴,没有违背真主的意愿。这样,阿拉伯穆斯林一般的商业行为变成了一种宗教道德实践,贸易活动所获得的不仅是经济的结果,更是对真主的顺从与责任,从而使阿拉伯穆斯林的商业思想具有鲜明的宗教伦理特征。

同时应当看到,尽管在宗教框架内,伊斯兰教给予人们追求物质欲望的自由,但伊斯兰教的观点认为,人的宗教利益和宗教行为与人的经济利益和经济行为之间存在着矛盾。伊斯兰教试图阻止人们的经济欲望和行为的无止境的扩张,认为这种扩张会断绝人们对安拉的信仰。伊斯兰的这种商业思想在历史上曾起到过重要作用,在当代对穆斯林社会的构建仍发挥着影响,但在经济全球化浪潮面前,伊斯兰的经济观正面临着重大挑战,主要表现为现代经济人与伊斯兰人在世界观上的巨大差异。以杰雷米·边沁(Jeremy Bentham)与亚当·斯密(Adam Smith)为代表的西方现代经济学家认为,市场中的经济人将物质享受当作人生的主要动力,他们已经不受宗教价值观念的束缚,现代社会经济人原则强调最大限度地实现现世物质利益,并认为人们最终被迫选择了最大化地满足物质需求。在现代经济人的观念里,私人需要服从真主需要的宗教虔诚性不再有其社会意义和重要性。应当说,现代经济人的原则观念与伊斯兰人的指导原则是相对立的。面对这种挑战,伊斯兰现代主义者开始根据时代的发展要求对沙里亚(伊斯兰教法)进行新的注解和研究,强调通过真正的伊斯兰来源实现伊斯兰适应现代社会和解决现代问题的能力。

阿拉伯—伊斯兰文化的形成是一个渐进的复杂的文化借鉴、互通、交融、整合与积淀的过程,同时也是阿拉伯人善于学习、包容与传承的文明智慧的展现过程。这种文化进步与文明智慧的实现和持续,得益于阿拉伯人积极的民族心态,即对古代文明的尊重与继承,以及对异族外来文化知识采取"拿来主义"的智力引进的政策。以阿拔斯王朝为例,据说哈里发麦蒙设立了专门从事翻译活动与学术研究的场所"智慧宫",在那里翻译家受到的礼遇令历史学家和后人惊叹不已,麦蒙给予首席翻译大师侯奈因译著的报酬是与书稿等重的黄金。在如此开放与开明的文化政策下,阿拔斯时代取得文化的巨大进步与勃兴便不足为奇了。①

关于"文化",已故文化大师季羡林曾指出:"文化有一个很突出的特点,就是文化一旦产生,立即向外扩散,也就是我们常说的文化交流……人类到了今天,之所以能随时进步,对大自然,对社会,对自己内心认识得越来越深入细致,为自己谋的福利越来越大,重要原因之一就是文化交流。""对西方的文化,鲁迅先生曾主张'拿来主义'。这个主义至今也没有过时。过去我们拿来,今天我们仍然拿来,只要拿来不过头,不把西方文化的糟粕和垃圾一起拿来,就是好事,就会对我们国家的建设有利。"②这种客观、理性和中立的文化态度给不同性质的文化之间的沟通与互鉴提供了正确的立场和途径。实际上,对于西方外来文化,要不要开放和接受,什么不应该接受和什么应该接受以及如何接受,阿联酋的领袖们同样有着清醒的态度和明确的立场,阿联酋国父扎耶德对此曾在公开场合多次加以宣扬与明确:

"阿拉伯世界不需要什么东西去指导它的民族。我们接受西方职业、科学技术的优点,但我们不能接受西方社会的性质。"

---

① 高惠珠:《阿拉伯的智慧:信仰与务实的交融》,华文出版社 2017年版。

② 孙承熙:《阿拉伯伊斯兰文化史纲》,昆仑出版社 2007 年版。

"西方社会的生活方式对我们不适用,因此,不将它引进到我们国家……但另外一些方面,如工业的先进,我们应该加以利用。"

"事实上,我们在伊斯兰遗产和现代世界之间竭力实现合理的、折中的解决办法。"

"我们有自己的传统、习惯和我们必须加以保护的理想……你们知道我是多么热衷于伊斯兰法典和遵循它的原则,我们有自己的传统习惯和遗产,在许多方面它都不同于西方人所满意的价值观念。"①

一提起阿联酋,或许许多人脑海中马上涌现出阿联酋航空的巨无霸客机、阿布扎比的法拉利赛车、迪拜街头高耸的哈利法塔和帆船酒店等去民族化的现代物质文明的标志性产物,但如果静下心来对阿联酋当地传统文化做进一步了解的话,你会发现,对于阿拉伯传统文化与阿联酋当地传统风俗,阿联酋人在延续、保留和传承的同时,同样有着自己的理解和态度。例如骆驼比赛,逐水草而居的贝都因人自称"驼民",据说早期新娘的彩礼、凶手的赎罪金、赌博者的赌注、酋长的财富都是以骆驼为计算单位。如今观看赛骆驼已成为阿联酋旅游的一大亮点,游客可在每个赛季到艾因的艾尔玛卡赛场观看赛骆驼,并参观全国唯一的露天骆驼市场——艾因骆驼市场。又如猎隼捕猎,猎隼是阿联酋的象征,这是一项海湾地区流传 2000 多年的传统运动,扎耶德就曾指出猎隼捕猎是阿拉伯的文化遗产。据说猎隼是全世界唯一一种与人类享受同等旅行待遇的动物,它们有自己的护照,坐飞机要买票而且要占据主人旁边的一个座位。此外,阿拉伯马是当今世

---

① 《扎耶德言论集》,[阿联酋]穆罕默德·哈利勒·萨克萨克收集整理,王贵发译,文化艺术出版社 1990 年版。

界最古老昂贵的马之一,被誉为"马中贵族",对世界上许多优良马种的形成起过重要作用。祖先遗传下来的马术天赋让阿联酋成为世界马术比赛的重要赛场。

说到阿拉伯马以及阿拉伯人长达 1000 多年的养马、驯马和赛马的"马文化",在阿联酋人眼中,它不仅是一种古老传统和风俗的延续,更是阿拉伯民族文化特性和民族自豪感的象征,养马活动甚至被迪拜酋长穆罕默德赋予政治领导力的重要意义。在他看来,所有的民族都喜欢马,而阿拉伯民族不仅喜欢马,而且敬重它、奖励它,将驯养马匹的事务和马经视为一门学问。"诗歌、良马、纯真、豪爽、威严、慷慨等都是阿拉伯特有的本质,而不是浓妆艳抹、羽毛虚饰和毫无价值的附加。过去的已经过去,阿拉伯的骑士已经消失,但良马尚存。然而,良马也几乎要消失了。假如我们把经济、技术、优质、领先和良马都给了别人,我们还有什么? 我认为,谁只要求我们重视发展和良马,谁就没有真正懂得我们在干什么。我们想再次领先,但不只是在经济、技术和优质等方面……""谁只是从经济方面看待养马谁就错了。我们生于马背,对马的爱融入了我们的血液中。养马是一种爱好,也是一种身体和心灵的运动。我把它看作是一个人产生积极力量和熄灭消极力量的最重要的源泉。但这并不意味着小看它的经济重要性。"①同时,他还认为,统治者如能善待人民,就能统治他的臣民;养马人如果能善待并驯养马匹,就能管好马匹。两者的关系就是,政治就像养马人的工作,不管他的工作规模如何。

---

① ［阿联酋］穆罕默德·本·拉希德·阿勒马克图姆:《我的构想——迎接挑战,追求卓越》,张宏、薛庆国等译,外语教学与研究出版社 2007 年版。

乡关何处——外籍人口问题

　　据阿联酋知名华人媒体"迪拜人"报道,波士顿咨询集团和超50个全球领先招聘网站联盟"The Network"联合开展的"解码2018全球人才"研究显示,在全球对外籍员工最具吸引力的十大城市当中,迪拜跻身其中并名列第六。该调查采访了全球197个国家的36.6万名员工和6000名招聘人员,在接受调查的人中,多达12％的人愿意前往迪拜工作。这一数字仅略低于巴塞罗那、柏林和阿姆斯特丹等主要城市。排名前两位的分别是伦敦和纽约。与2014年进行的一项类似研究相比,迪拜上升了5位。不过迪拜排名如此靠前并不令人惊讶——因为它的确是一个公认的生活和工作的好地方。除迪拜外,海湾合作委员会中唯一跻身前30名的城市是阿联酋首都阿布扎比。而在英国《独立报》上,一个名叫约翰·哈里的作者却撰文称迪拜为"建立在贷款、生态灭绝、镇压和奴役之上"的城市。一方面是基于数据统计的趋之若鹜,另一方面是被人横眉冷对的"镇压与奴役"之城,两个截然不同甚至是极端的形象,作为当代著名移民城市的迪拜或者说作为外来人口大国的阿联酋,到底哪一个才是真实的? 那些来自不同国度、从事不同行业、抱着相似目的的匆匆过客,在这个熟悉而陌生的国度里谱写着怎样的生活乐章呢? 就让我们通过真实的数据与报道,努力客观地还原粗犷、坚硬的钢筋水泥后面有着怎样一幅细腻、柔软的外来人口的生活图景。

　　包括阿联酋在内,海湾合作委员会的 6 个国家(阿联酋、阿曼、巴林、卡塔尔、科威特、沙特)的劳动力市场十分与众不同,20 世纪 70 年代石油带动经济繁荣以来,海湾地区的阿拉伯国家深深依赖外籍人士,在人力资源的各个层次均是如此,尤其是阿联酋、卡塔尔和科威特这三个国家的多数人口是外籍人士。走在阿联酋街头,可见饭店厨师与服务员、出租车司机、超市收银员、街角加油站的工作人员等,几乎都是清一色的外国人;到了医院和诊所就会看到外籍医生和外籍护士;到了中小学校和高校,许多老师都来自国外,即便是在教授阿拉伯语的学校,许多老师也是来自埃及、黎巴嫩、叙利亚、伊拉克、约旦等阿拉伯国家的外籍教师;在阿联酋当地人家庭当中的保洁员、保姆以及筑起一座座高楼大厦的广大建筑工人也大多是来自阿联酋境外的外籍劳工。

　　关于阿联酋的外籍人口和多元文化现象,长期在迪拜工作和生活的华人女士庄苓表达了她较为客观的看法:"迪拜是一个不夜城,永远是人来人往,车水马龙。这个城市每天都在为世界各地的游客提供奢侈的生活方式,但是谁在背后支撑着这些繁华盛世的景象呢?"大量的基础工作者在恶劣的天气条件下,每年赚极有限的工资,寄给家里人。但事实是,大多数人看不到,也不会去特别关注迪拜的这一面。而对于阿联酋本国公民来说,虽然阿拉伯语是他们的母语,但迪拜本地人都会说英语。"我问他们,这英语你们都得学? 他们说,是啊,不学都不会买菜啊!"迪拜服务行业的从业者几乎全是外国人,如果你只会说阿拉伯语,在这个国家简直寸步难行。对于庄苓来说,迪拜最吸引人的地方正是这个城市的多元化。"无论是我所身处的高科技行业,还是艺术等创造性行业,都需要一个良好的环境。在迪拜,你不会因为是一个外国人,就觉得自己不属于这个城市。这有些像大家去深圳创业,所有人都来自五湖四海,不会觉得被排斥。"另外,她认为外籍人口的众多也是迪拜开放包容的体现,"迪拜是个完全免税的城市,吸引着全球著名企业,更加为创业者提供了良好的创业环境。在这里,你可以与各个领域的精英人士交流,学习前沿理念,获得多元化的思想"。①

起初,迪拜只是一个不为外界所关注的小村庄,仅仅经过一代人的时间,迪拜首先快速成为沙漠中的现代都市,随后成为无数外来劳工和技术移民争相前往的目的地,如今迪拜已俨然成为世界金融中心,来自全球各地的人都汇聚于此。

事实上,早在几个世纪之前,在阿拉伯半岛的殖民王朝地缘政治中,迪拜所具有的重要战略位置就已经显现出来了。阿曼里·亚鲁巴王朝在17—18世纪统治期间,不仅为了实现对东非的控制而与葡萄牙人展开角逐,还与波斯人为敌,以控制巴林具有战略地位的岛屿。在这个王朝灭亡后,迪拜凭借其天然港口,日益发展壮大,而且很快就成为捕鱼业和采珠业中心,建起了最大的海岸露天市场。早在20世纪30年代,迪拜的2万人口中就至少有1/4是外来人员。印度与阿拉伯半岛的联系要追溯到好几个世纪前,但印度人开始大量涌入海湾地区,还是因为采珠和石油开采等行业的发展。在印度人眼中,迪拜是黄金和纺织品贸易的中心。特别是随着20世纪60年代石油出口的迅猛发展,印度商人开始集中进入迪拜。由此看来,尽管当年迪拜只是地图上一个名不见经传的小地方,却已经是流通中心了。全球化的一代人对迪拜青睐有加,这表示人才流

---

① 戴莹:《迪拜:沙漠中的海市蜃楼》,《徽商时代》2016年第1期,第52—55页。

动一改往日的大趋势,开始从北向南、自西往东移动。

南亚移民

相较于同时期的阿布扎比、沙迦等政策相对保守的酋长国,迪拜开放的经济政策和自由港战略,使其迅速崛起为内湾第一大港口,因此在吸引外来人才方面也是最为成功的,所以阿联酋的早期移民更多的是指纷纷涌入迪拜的外来人口,不仅包括波斯人和阿拉伯人,还包括来自印度次大陆的大批商人和劳动者。

实际上,自 19 世纪初期因为阿联酋珍珠产业的关系便有印度人和锡兰人的身影出现在迪拜,只不过更多是暂时停留的访客。从 20 世纪 50 年代开始,由于国内形势的变化以及迪拜作为自由港的致富机会的吸引,许多南亚商人在迪拜开启了拓荒式的商业移民。在这一时期,约有 150 名印度穆斯林加入这次移民潮,很快便有纺织商人、黄金商人相继跟入。据说在电子产品兴盛时期,许多跨国公司积极寻找在海湾地区的代理,其中绝大部分许可证配额给了商业经验丰富的印度商业新移民,例如 20 世纪 70 年代,索尼产品由一个著名印度商人进口,并建立了轰动一时的超级电子产品零售网点。① 同时,一大批没有技术的南亚劳工移民也纷纷来到迪拜,投入建筑业、零售业以及服务业的劳动大军当中。据称,20 世纪 50 年代后期,阿联酋石油劳动力的 1/3 来自印度,到了 60 年代末和 70 年代初,这种工薪阶层的数量已十分庞大,据估计当时每周有 1000 名以上的南亚移民在印度洋沿海城市登陆后大多数前往迪拜

① [英]戴维森:《迪拜:脆弱的成功》,杨富荣译,社会科学文献出版社 2014 年版。

谋职。[①]

　　和其他全球化中心一样,要想了解迪拜,就必须全面考虑大量居住在那里的人口来源。首先,迪拜是一个亚洲城市。迪拜将近 10% 的人口为本土居民,50% 是印度人,16% 是巴基斯坦人,9% 是孟加拉人,3% 是菲律宾人。因此,南亚人占迪拜人口总数的 75%。他们才是这个地方真正的中坚力量,数量很少的欧洲移民从人口规模来说的确无法与南亚人口匹敌。

　　在英国统治印度期间和发现并出口石油之前,海湾的阿拉伯人经常前往印度工作,并寄钱回阿拉伯国家。如今人口流向则正好相反。数以百万计的南亚劳工在迪拜众多的建筑工地上,一干就是几个月或几年,而这些工程会将迪拜打造成一个闪闪发亮的图标。他们来建造迪拜,却从未真正生活其中。可见仅仅在一代人的时间里,财富的流向就发生了逆转。

　　对于南亚国家而言,在迪拜的南亚劳工既是劳动力资源,也是其母国的经济生命线,他们一年寄回印度的钱超过 300 亿美元,甚至比在美国的南亚劳工寄回国的钱还要多。而对于阿联酋而言,南亚外籍人口同样具有重要影响力,例如在极其重要的地产界,印度人仅次于阿联酋本地人,是第二大投资商。同时大量富有的印度人纷纷前往迪拜。欧洲私人财富经理纷纷争取印度客户,为了远离印度的过度监管,他们将办公室设在了迪拜和新加坡。在迪拜的印度人筹集资本进行投资,从非洲的工厂到金矿开采,都可以看到他们的身影。很多宝莱坞电影现在都在迪拜取景,于是有人称之为迪莱坞。[②]

---

　　①　[英]戴维森:《迪拜:脆弱的成功》,杨富荣译,社会科学文献出版社 2014 年版。

　　②　[加]贝淡宁、[以]艾维纳:《城市的精神Ⅱ:包容与认同》,刘勇军译,重庆出版社 2017 年版。

阿拉伯移民

在阿拉伯世界,特别是那些遭受战争创伤或政治长期不稳定地区,迪拜往往是那些逃离家园、寻求和平稳定生活的阿拉伯移民的首选地之一。例如 1958 年伊拉克发生阿拉伯民族主义革命之后,大批伊拉克人将生意转移到迪拜。20 世纪 80 年代的两伊战争以及 2003 年美英联军入侵伊拉克,使得伊拉克国内局势进一步恶化,导致许多伊拉克人持续进入迪拜。同样,贝鲁特曾是阿拉伯世界的标志性国家,却由于 20 世纪 70 年代常年内战而发展迟滞。科威特曾是迪拜最近的海湾竞争者,但在 1990 年遭到了伊拉克萨达姆政权入侵后,具有商业头脑的黎巴嫩人和在科威特的资本都开始流入迪拜,这种情况至今仍在继续。这些黎巴嫩人有的成为银行高管,有的做了电视新闻主播,和他们一同工作的还有埃及的工程师、约旦的会计人员和突尼斯的司机,这些人都希望得到更高的薪水,过上更好的生活。[1]

伊朗移民

实际上,从 19 世纪末开始,波斯就有移民迁往迪拜。随着波斯卡嘉瑞王朝和之后的伊朗沙阿王朝时期生活与商业环境的恶化,许多经验丰富的贸易商特别是来自波斯南部沿海地区的波斯商人,出于反对波斯政府税收和社会改革的原因,选择将生意转移到了迪拜。到 19 世纪和 20 世纪之交,波斯移民已经为迪拜的自由港经济添加了重要的一笔。一位著名的欧洲

---

① ［加］贝淡宁、［以］艾维纳:《城市的精神 Ⅱ:包容与认同》,刘勇军译,重庆出版社 2017 年版。

地理学家在 20 世纪初访问迪拜时记录道:更多的家庭最近在逃离自己国家的专制统治后从波斯到达这里,并且看上去在他们的新家园生活得很成功。[①] 波斯移民大规模涌入迪拜的局面持续了几十年,但是随着波斯移民的不断增加,部分迪拜当地人对这些外来者的进入开始心生疑虑,担心他们将来会反对迪拜而维护波斯利益,但当政的马克图姆家族以及大多数迪拜商人接受并尊重这些波斯移民。20 世纪 60 年代,迪拜出现了第一家伊朗人的医院,而 1979 年伊朗伊斯兰革命的爆发又促使一批伊朗商人移民纷纷涌向迪拜。之后的内贾德政府执政期间,对政府不满的伊朗人也陆续将其生意、财产和家庭迁移到了迪拜,越来越多的伊朗人在迪拜留居、发展,促进了迪拜经济的繁荣。

　　估计有人要问,除了外国商人的涌入,阿联酋为何如此依赖外籍劳动力呢?

　　由于长期遭受英国的殖民统治,阿联酋的经济水平一度十分落后。1970 年之前,阿布扎比政府从其油田中获得的每桶原油的收入是 92 美分。到 1973 年"十月战争"即"第三次中东战争"之前,阿布扎比政府从每桶原油中的获利提高到 2.04 美元。1975 年,原油价格又提高到每桶 11.92 美元。此后,原油价格不断攀升,在 1979—1980 年的第二次石油危机中,阿联酋的原油价格达到了每桶 36.56 美元。同时,油田的不断开发使得阿联酋的石油产量不断提高,例如 1962 年阿布扎比的原油产量是 80.8 万吨,1971 年则达到 4479.7 万吨;迪拜 1969 年的原油产量为 50 万吨,1971 年则达到 625.2 万吨。石油收入方

---

　　① 　[英]戴维森:《迪拜:脆弱的成功》,杨富荣译,社会科学文献出版社 2014 年版。

面,阿布扎比由 1962 年的 70 万英镑上升到 1971 年的 1.796 亿英镑,而迪拜 1971 年的石油收入将近 4100 万英镑。① 石油收入的大增,突然带动了人均 GDP 的急剧上升,使得阿联酋的国家财富与国民生活水平实现了大幅跃进,远远超过一般的发展中国家。按照正常的国家发展顺序,国家的繁荣与发展往往以传统的、渐进的方式来实现,如基础设施的建设、制度的完善、规范的建立都是一步步成熟完善起来的,但包括阿联酋在内的海湾阿拉伯国家却恰恰相反,财富爆发式增长,但基础设施、制度规范都没有完备,甚至没有建立,于是这些国家面临的迫切问题就是尽快地在上述领域"补课",以跟上财富增长的速度,实现国家真正的长久繁荣。面对庞大的国家发展计划,现有的劳动力规模是远远不够的,大规模的基础设施建设所需的工程师十分稀有,所需的建筑工人人数不足,教育机构的从教人员也面临不足,企业与机构的高级管理人才同样难以找到,因此吸引大量的外籍员工成为阿联酋等海湾国家的唯一选择。

对于周边其他阿拉伯国家的人才而言,阿联酋等海湾阿拉伯石油富国是最具吸引力的工作地点:众多的工作机会、便利的地缘、语言的优势、文化上的接近等,使得大量来自阿拉伯世界的外籍劳动力纷纷涌向海湾国家。拥有庞大劳动力诸备的南亚国家很快成为阿联酋等国的外籍劳务人才的主要来源。南亚地区曾是英国殖民地,其国民尽管无法讲一口流利的阿拉伯语,但其英语优势在海湾国家得到了发挥,同时比家乡更高的薪水吸引着这些外籍劳动力来到海湾国家在不同层次的行业中打拼。

---

① 　全菲:《阿拉伯联合酋长国现代化进程研究》,社会科学文献出版社 2013 年版。

　　在阿联酋的职场,同样不难看到来自西方国家外籍人士的身影,规模虽然没有南亚以及非阿联酋的阿拉伯人那样数量众多,但这些西方的技术与管理人才在阿联酋的国家建设与发展方面同样发挥着重要甚至关键的作用。他们主要分布在各大企业与机构负责工程、财务等需要前沿与精密技术的领域,或者在公共事务管理与法律等需要管理水平与专业知识背景的领域。

　　如果说统计数据太空洞和抽象的话,那么到访过阿联酋的游客和驻留过的外籍人士,透过他们直观、细致、敏锐的观察视角有意无意记录下的外籍员工的工作与生活状态,或许能为我们提供一幅生动的阿联酋外来人口的浮世绘。

　　"(迪拜湾)附近码头人挺多,有些忙着装货卸货,但大多数人只是蹲在地上,有抽烟的,也有打牌的、争吵的、修凉鞋的、拿塑料杯喝奶茶的、用手指抓饭菜吃的,还有的只是茫然地看着远处发呆。所有人看起来都很穷,而且没有一个看上去像阿拉伯人,大部分应该来自印度次大陆的孟加拉、斯里兰卡、巴基斯坦以及印度等国家。他们身材矮小,瘦骨嶙峋,肤色黝黑,有的穿着棉质的长袍,有的穿着宽松的分体睡衣,也有些穿着 T 恤和脏兮兮的牛仔裤。这些人全是清一色的男人。"①

　　"(在叫作'阿拉伯大农场'的住宅区内)15 分钟之后,我们又钻回栅栏,这次惊动了一帮工人,一群矮小沉默的印度人。他们穿着工作服,裹着头巾,举止带着囚犯般的颓丧。他们带着大剪刀和塑料袋装的吃食,食物挂在灌木的丫杈上。他们的工作就是一天又一天地悉心伺候住宅区里移植来的植物……

---

　　① ［英］乔·班尼特:《看不见的迪拜——一个西方人的亲历记》,秦竞竞译,陕西人民出版社 2013 年版。

有人说过,作为生活在迪拜的外国人,要学会看不到这些安静的奴仆,要将目光穿过他们,把他们的影像在视线中自动删除。可惜我在这里还不够久,达不到这种境界。"①

"小区里面的小道上出现几个慢跑的身影,苗条健美的白种女人穿着耐克鞋,带着小小的一瓶水认真地跑着,有几个还戴着太阳镜。她们的金发在脑后扎成马尾辫,皮肤晒成古铜色。我不由自主地想到她们身上的服装应该是由女佣清洗并熨烫……跑步的人们经过拿着工具蹲在树丛间的工人,双方没有形成任何交集,似乎两个物种都没有看到对方。其实他们都是身处异乡的外来客,可以说因为相同的原因来到迪拜,现在却处在等级天平的两端。"②

"马哈茂德是开罗人,打扮得像夜总会里的猎手:紧身棉线衫和更紧身的牛仔裤,脖子里和手腕上各一圈粗粗的金链子。马哈茂德来阿联酋打工挣钱,但是生活得并不容易。他把富查伊拉当成自己的中转站,因为他最后一定会去迪拜。他相信迪拜的街道即使不是满地黄金,也是遍地机遇。'迪拜有很多活。你工作,你不喜欢,你辞职,做新工作。很好。'"③

"正如迪拜没有主流的超市,那里同样没有主流的文化。如果说,一名恪守教义的巴基斯坦穆斯林移居到伦敦,她将面临继续蒙面纱还是融入英国主流社会的困境。然而,她在迪拜根本无须迎合任何占主导地位的文化。在英国,无论她的英语说得多流利,她始终都带有口音。然而,在所有人都将英语作为第二语言的迪拜,没有人会介意你带的是巴基斯坦口音还是

---

①　[英]乔·班尼特:《看不见的迪拜——一个西方人的亲历记》,秦竞竞译,陕西人民出版社2013年版。
②　同上。
③　同上。

菲律宾口音。"

一名伦敦银行家说："你会在伦敦街上找到多元文化,但是究其本质,所有人都是伦敦人。而在迪拜,印度人就是印度人,埃及人就是埃及人。"

"有一位出生于摩洛哥、在美国受教育的建筑专家,他曾经多次邀请一位印度同事共进午餐,尝试他的家乡摩洛哥的美食,可是他的同事拒绝食用比尔亚尼菜——使用香辛料烹饪的印度香米以外的任何食物。对此,这位建筑专家感到十分沮丧。对于许多发展中国家的人来说,能够搬到富裕的国家且无须被迫改变或迎合主流,这就是迪拜的最大吸引力。"①

"(在一家中餐厅)大厅里有一喷泉,周围排了许多桌椅,两旁都是小餐馆,既有肯德基这类遍布全球的快餐,也有颇具地方特色的阿拉伯菜、泰国菜、菲律宾菜……顺望过去,一眼看到雕梁画栋、写有汉字的中国餐馆和穿着红色旗袍的服务小姐,我们赶忙走了过去。一开口,小姐讲的是英语,不会说中文,是个菲律宾姑娘。冒牌的服务小姐使人产生了疑问,此处中国菜是否正宗?最后大家走开了。"②

基于这种特殊的人口结构,很多人认为,尽管外国人占人口的绝大多数,但他们永远都只是"二等"公民。即便他们拥有99年租期的房地产,也要每隔三年续签一次暂住证,而且,就算只是暂时失业,也会被注销暂住证。实现人口再平衡不可能,授予国籍更是行不通,阿联酋其实处在一个未知领域,没有外部先例可循,也找不到任何指导。有人提出了这样的设想,即

---

① ［美］丹尼尔·布鲁克:《未来城市的历史》,钱峰、王洁鹏译,新华出版社 2016 年版。

② 曹燕:《阿联酋:美丽开放的沙漠之国》,《世界中学生文摘》2007 年第 10 期,第 22—23 页。

要想在这个问题上取得明显的重大进展，就要遵循新加坡模式，采用永久居住权这一做法，这样一来，外国人在两年后就可以拿到相当于美国"绿卡"的永久居住权。如果能这样做，就能带来忠诚、稳定以及具有创造力的强壮劳动人口，他们会致力于建设阿联酋，而且不管他们来自何处，都会将此地作为主要留居国。在这方面，阿联酋和新加坡有所不同，必须创造出一个入籍后的管理体系，就好像某种利益共享关系，来促进和灌输一个与如此多样化和瞬息万变的城市相适应的权利义务机制。

在迪拜这个由陌生人组成的城市里，宽容早已是十分明显的特征，但是距离上述目标的实现似乎还有着相当长的距离，存在着相当多的变数。

外籍人口或者移民的流动逐渐成为世界上许多国家普遍存在的现象，在对待外籍人口方面，多数国家面临是奉行"文化大熔炉"的归化政策还是"文化调色板"的多元开放政策的选择，但是阿联酋政府同海湾其他国家有着几乎相同的做法，就是通过政府的管理规范与当地的通行做法，把外籍员工视为彻头彻尾的外国人，提醒他们这里不是他们的家，在阿联酋他们只是寻找机会、赚取财富的过客。例如对于受聘的外籍员工，往往以约聘的形式雇用，如果雇主不准备续聘，员工可能要打道回府。某个资深外籍员工或许为当地老板努力工作数十年，但退休后还是要被迫回到自己已离开多年的母国。根据阿联酋以及海湾地区其他国家在国籍方面的法令，绝大多数外籍人口几乎不可能获得当地国籍来实现归化，即使外籍人士的孩子在阿联酋当地出生，孩子也不会因此而获得出生地国籍，必须承袭其母国的国籍。这种拒人于千里之外的做法，其结果之一就是在不断被提醒"这里不是你的家"的情况下，归属感的缺乏造成外籍人口短视近利的心态普遍存在。在《看不见的迪拜》一书中,在阿联酋航空任职的一个名叫萨姆的英国籍高管这样评价迪拜:"这里的人来得容易走得也容易,几乎每个人都是迁徙中的鸟。他们不把钱存在这里,因为他们根本没打算一直留在迪拜。他们将钱转回英国或者美国或者随便什么地方。总之,他们不大信任迪拜,虽然它塑造出稳定的形象。迪拜可能瞬息万变。"萨姆先生在阿联酋航空公司有着一份高薪工作,且福利丰厚,但是他的签证附属于他的工作,如果辞职,签证就会被取消,他必须在一个月之内寻找新的雇主和本地赞助,否则就得离开迪拜,他认为:"迪拜的统治者喜欢让我们隶属于它。这是他们的一种手段,用来防止我们完全占据迪拜……"

阿联酋政府以及当地企业的做法具有明显的地方保护主义色彩,不可避免地带来其负面影响,如上述"赚钱跑路"的短期利益行为,但从阿联酋政府自身的角度来看,这种政策有其自身的顾虑与战略考量:本国的劳动力尤其在石油经济繁荣初期,由于缺乏系统的教育与训练,根本无法与外国员工竞争,如果这些外来人口拥有了获得当地公民身份的渠道,本国人口势必会遭到排挤与淘汰,甚至无法在自己的国家立足;同时,放开国籍的限制,国家就要为新的国家公民提供相同的优渥的社会福利,如果公民数量剧增,那么福利的保障就会面临挑战。

此外,外籍人口的大量存在使得阿联酋以及其他海湾国家同样面临其他人口安全的考验:

在政治层面,首先,大量外籍劳工的存在使得海湾国家在制定国内政策时必须将外国移民纳入考虑的范畴之内;其次,在外国移民中有相当数量的非阿拉伯裔群体,他们的世俗观念与政治理念会对输入国的其他群体产生一定的影响。

在经济领域,大量劳务侨汇的输出,已对海湾国家的 GDP

增长和国际收支平衡产生一定的负面影响,成为各国外汇储备下滑的主要原因之一。迪拜海湾研究中心发布的一项调查报告显示,在海湾合作委员会国家工作的外籍劳务人员每年向境外汇款总额高达 270 亿美元,占海合会国家当年 GDP 的 9%。据统计,1975—2006 年期间,海湾劳务侨汇已经累计超过 5200亿美元。

在社会稳定与发展方面,尽管占据数量优势,但外国移民在输入国的政治、经济以及社会方面并不能同本国居民一样享受同等待遇,使得外国移民极易产生失衡与对立心理,在一定条件下甚至会演变成骚乱与暴力行为,对输入国的社会稳定形成威胁;由于外籍劳工的大量存在,海湾本国居民在择业方面依赖性与寄生性普遍滋生,加之海湾社会逐渐步入低龄化,使得海湾国家失业问题日渐突出。

与此同时,大量来自其他文化背景的海外移民对海湾国家的本土文化与传统形成了巨大冲击与影响。一方面,外籍劳工因固守其自身的风俗习惯与文化传统,必将威胁到海湾国家文化与社会的整合,甚至会造成整个社会文化的断裂;另一方面,外籍劳工的存在将会对海湾国家新生代产生潜移默化的影响,本土文化难免会遭受冲击与淡化,海湾国家固有的阿拉伯—伊斯兰文化特性面临挑战。

为解决上述问题,淡化外籍人口的进入带来的潜在影响,阿联酋、沙特、科威特等海湾国家政府采取了一定的措施,其中就包括实行劳动力市场本土化,以降低外籍劳工在劳动力中的比例,同时为本地人口的就业提供便利与保障。具体做法往往以"配额"的方式进行,例如阿联酋政府规定,员工人数在 50 人或者更多的企业,每年必须以 2% 的速度增加本国员工的比例,银行与保险业的目标分别是 4% 和 5%,政府成立专门机构积极鼓励本国公民创业,如阿布扎比的中心型企业基金和迪拜的青年商业领袖中心等。

根据阿联酋的体制,国家的土地都隶属于酋长国的酋长,酋长可以将某块土地作为礼物送给自己的亲人或者朋友。以迪拜为例,在这种土地所有制之下,迪拜之前是没有房地产市场的,在迪拜的外国人无权拥有当地房产而只能租房子住,无论拥有多少财富,作为外国人只能以租客的身份存在。随着迪拜经济的日益繁荣以及外来人口的不断增加,当地房租价格不断增长,直接的结果就是当地的阿联酋房东大发其财,而广大外籍房客的不满情绪与日俱增。一些富裕的外籍房客开始要求财产权,因为没有财产权,即使他们在迪拜住上十几年甚至几十年仍是形如浮萍而没有固定的安身之所。对于这个要求,迪拜酋长国政府是有其顾虑的。一方面,对于迪拜而言,每一个外国人都是持有签证的异乡客,而且大多数签证是和工作捆绑在一起的,失去工作则意味着失去在迪拜居留的权利,在决定外籍人口去留方面,酋长国政府有着绝对的话语权和决定权。如果允许外国人在此购买房产的话,在外籍人士失去工作的情况下能否随心所欲地取消其签证则较之前会变得复杂而棘手,从而在一定程度上丧失对这些人的掌控,同时这种做法有可能会动了部分当地人的奶酪而引起一些国人的不满,这也是酋长国政府不愿看到的。但是在另一方面,迪拜的持续发展离不开外国人的参与和贡献,如果迪拜在房产权方面一直没有任何松动,那么对于一些外籍人士而言则会失去一定的吸引力,而周边的几个酋长国以及其他海湾阿拉伯国家已经开始模仿迪拜的发展模式,能否继续成功地留住和吸引外国人才和劳动力是迪拜酋长国不得不面对的现实问题。于是在2002年,迪拜酋长穆罕默德发布土地改革的命令,允许外国人在迪拜拥有房产,这项决定在海湾国家中尚属首例。尽管在迪拜拥有房产后可以获得什么样的权利仍众说纷纭,但这一政策的实施的确掀起了一场如外界预期的购房潮。下面这个发生在一个西方人身上的购房故事或许可以侧面反映迪拜房产市场开放带来的巨大影响力。一个名叫凯伊的在迪拜工作生活的英国女子因偶然的机会得到了迪拜住宅开发项目的展会入场券,在出示入场券后她被作为 VIP 引到售楼处的一间豪华办公室,在选定房型后,售楼小姐告诉她有两分钟考虑时间,两分钟后如果决定购买就要现场支付定金,不买以后就会失去机会。两分钟很快过去,这个来自英国的女性迷迷糊糊地完成了这笔异乎寻常的交易。颇具戏剧性的是,当她在巨大压力下神情恍惚地走出售楼处时便立即被在楼外排队等候的购房者团团围住并希望她出手转让,仅仅一分钟内有人竟出价房子原价的两倍甚至三倍。①

作为阿联酋的经济中心和最具代表性的城市,迪拜以数以千计的杂志专题的形式出现在世人面前,它在许多人心中俨然是无尽财富、异域风情、世俗味道和高调张扬的代名词。但也有人认为,迪拜的最大特色在于"新生",生活在这座新兴的全球门户城市的大量外籍人员,则是迪拜"新生"的创造者、参与者、谋划者。正如美国作家、记者丹尼尔·布鲁克在其著作《未来城市的历史》中所言:这座突然兴起的全球化大都市拥有"破裂的地平线",它以创纪录的摩天大楼、室内滑雪场以及丰富的人口多样性而震惊全球。迪拜 96% 的人口是在国外出生的,这让拥有 37% 移民人口的纽约相形失色。迪拜这座城市"各色事

---

① 〔英〕乔·班尼特:《看不见的迪拜——一个西方人的亲历记》,秦竞竞译,陕西人民出版社 2013 年版。

物和各色人群——它的奢侈品、劳工、建筑、口音甚至勃勃雄心——都是从其他的地方流入的"。不过,在迪拜前所未有的崛起背后,在无数激动人心的宣传报道背后,唯一真实的、迪拜始终需要面对的就是它的"流动性"。①

迪拜的外国人

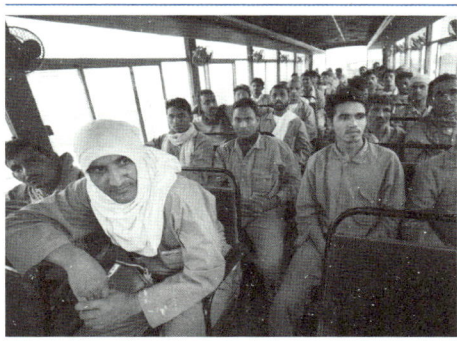

迪拜的外籍劳工

---

① ［美］丹尼尔·布鲁克:《未来城市的历史》,钱峰、王洁鹏译,新华出版社 2016 年版。

面纱背后——阿联酋女性话题

2016 年 3 月,法国女性权益部长劳伦斯·罗西诺在接受法国某电视台关于"时尚话题"的采访时狠狠地吐槽了 H&M、Marks & Spencer 以及 Dolce & Gabbana 这些时尚品牌,指责这些牌子竟然专为穆斯林女性设计希贾布(穆斯林女性专用头巾)以及波基尼(穆斯林女性专用泳衣)等产品,这些时尚品牌非常"不负责任",并且对"加强束缚女性身体"的行为负有不可推卸的责任。她不仅把包头巾的穆斯林女性与历史上的美国黑奴进行类比,而且使用了"黑鬼"这个种族歧视色彩严重的词,由此在社交媒体上引发了轩然大波。后来该部长对自己的用词错误公开道歉,但除此之外,她的态度却依旧强硬,并表示对自己其他有关伊斯兰服饰的态度仍坚持保留。

法国是个严格实行政教分离的国家,其世俗化的原则同外来民族的宗教信仰之间的矛盾早已存在。早在 1989 年,几名头戴伊斯兰头巾的女学生被禁止入校,引起了穆斯林社会的强烈抗议。2004 年 2 月,法国国民议会一审以 494 票赞成、36 票反对和 31 票缺席的结果通过了面纱头巾法,禁止女学生在公立初中和高中佩戴伊斯兰头巾,同时强迫学生摘除大十字架和犹太人的小帽等具有明显宗教标志的服饰。

头巾作为个人服饰,应该属于私人生活的领域,怎么会与文明甚至政治问题产生联系呢? 其实,在任何文明中,服装不仅仅是蔽体之物,也不仅仅是个人私物,它所体现的性别、阶级、信仰、礼仪差别反映了一个民族的伦理价值、政治制度、社会发展和社会生活的诸多方面;它不仅塑造了一个民族的外形,也制约着一个民族的内心,而且将这个民族的文明与其他文明区别开来。穆斯林女性的头巾属于伊斯兰服装,它反映了伊斯兰教对妇女行为、气质、价值和地位的看法。那么非穆斯林群体对于穆斯林女性服饰的态度和看法,也同样反映出其对穆斯林女性身份和地位及其身后的伊斯兰宗教信仰的观点和立场。实际上,在伊斯兰世界内部,不同国家和地区,不同历史发展阶段,关于穆斯林女性头巾问题也存在着差异,甚至是截然不同的观点和态度。对于这一复杂而深刻的问题,三言两语难以阐述清楚,同时这也不是本书重点探讨的内容,我们只是想借此引起这样一个思考:众所周知,在传统阿拉伯国家,由于受父权社会传统影响,女性普遍处于次要社会地位,特别是居于阿拉伯世界边缘地带,包括阿联酋在内,在发现石油之前,海湾诸国由于社会与经济落后、位置偏僻,与外部世界接触较晚,所以该地区女性地位的变化相对于阿拉伯世界的其他国家较为艰难和缓慢。随着石油开发带来的繁荣时代的到来,以及国家与外部世界接触交往的增多,特别是近年来阿联酋国际化程度的不断加深,阿联酋女性的社会地位、生活方式、思想观念势必随之发生相应变化,那么阿联酋女性公民的服饰文化有何特征?其背后又反映出阿联酋女性怎样的社会地位与生活风貌呢?

　　女性话题与性别平等是一个十分重要且具有现代意义的论题,如前文所说,围绕这一论题的争论和著述层出不穷,甚至一些社会事件也由此发生,但有一种矛盾的现象就是,尽管伊斯兰妇女问题是人们普遍关注和评价最多的论题,然而伊斯兰教有关该问题的观点可以说是被人了解最少的,也是被人误解最多的。针对妇女问题,伊斯兰教经典《古兰经》不仅有《仪姆兰的家属》《麦尔彦》《光明》《受考验的妇人》《离婚》等相关论述,同时在世界宗教典籍中唯有《古兰经》包含一个单独以妇女命名的经章——《妇女》章,以及散见于其他章节的相关论述,内容涉及妇女的地位、权利和义务等内容,体现出伊斯兰教系统完备的妇女观。首先,《古兰经》确定了男女平等的基本前提,承认妇女在人类繁衍方面是和男性完全平等的伙伴,并且在确立了两性平等的基础上,伊斯兰教又规定女性在遗产继承、借贷立约、名声隐私、缔结婚姻、离异改嫁以及抚育子女方面都享有不同程度的优先权益。而在穆斯林女性服饰方面,伊斯兰教既认同衣着的实用功能,又重视服饰的审美价值,同时更加强调衣着服饰的心灵敬畏、欲望规避和尊重女性的精神诉求。穆斯林女性的服装必须宽松,以至于不能露出身段,而且在至亲以外的男子面前除了手和面部,身体的其余部位必须完全遮蔽,如头发、颈部、耳朵、胸部甚至所佩戴的首饰,总之所有能够诱发异性情欲的因素都不可显露出来,以避免招惹淫邪放荡者的骚扰。这不仅是服从真主、敬畏真主的表示,也是穆斯林女子自爱自尊的体现。

关于阿联酋妇女的地位,从阿联酋建国伊始,扎耶德头脑中就确定了这样一些原则:

"我们这个新兴国家的阿拉伯妇女懂得保护那些来自伊斯兰教教义传统的重要性;她们深知 14 个世纪以来伊斯兰为使她们获得先进国家妇女的地位而赋予她们的权利。"

"伊斯兰并不是把女人放在同男人相对立的地位,而认为女人与男人是相辅相成的,女人并不是男人的附属品或奴隶,任何人想把她们置于过去的地位都是徒劳的。"

"国家进行建设,不应让妇女——社会的半边天沉沦于愚昧的黑暗之中,成为愚昧的俘虏、前进的绊脚石。"

"妇女参加社会的发展的确具有重要意义。伊斯兰教鼓励妇女参加工作和参加建设。"

"我鼓励妇女在适合她们身体素质的岗位上工作,尊重她们,维护她们作为母亲的尊严。"①

扎耶德还鼓励他的夫人法蒂玛从事社会活动,领导妇女运动。作为国家第一夫人,法蒂玛本可以过着安逸的生活,但她毅然投入艰巨、辛苦的阿联酋国家妇女事业当中,致力于提高阿联酋妇女文化水平并提升其社会责任感,在广大妇女中享有崇高的地位。

曾经有一个美国新闻记者代表团访问迪拜网络城,并问及迪拜是否允许妇女做职员,当地的负责人回答说,网络城 52% 是女性员工,代表团对此感到很惊讶。对此,迪拜酋长穆罕默德表示:"在未来的十年里,我们将需要所有的男女大学毕业生。由于项目的扩大和新项目的实施,大学毕业生中女性的比例偏高问题将反映到现有的和未来预计要有的岗位上来。既然这是一个自然的状况,我不认为要对它进行干预并改变它……"

有一次,穆罕默德参观了一个政府机关,该机关负责人汇报说,这个机关里女性比例超过了 60%,接近 70%,于是该负责人要求人事部门负责人暂时停止任用女性。迪拜酋长问此负责人,是不是对在该机关工作的女性的才能不满意,该负责人回答不是;酋长接着问,是否对报考机关工作的女性的才能不满意,负责人仍表示否认。于是酋长指示道:"现在就安排那些获奖的女性

---

① 《扎耶德言论集》,[阿联酋]穆罕默德·哈利勒·萨克萨克收集整理,王贵发译,文化艺术出版社 1990 年版。

工作吧,以后继续这么做,即使女性比例达到 100％。"①这是迪拜酋长人才观的具体体现,在人才的选择和任用方面,穆罕默德认为,安排就业的正确标准是才能比才能,学历比学历,发展能力比发展能力,而不是男与女比,棕色人种与白色人种比,社会背景与其他背景比。他认为,这不仅是正确的行政处事方法,也是国企、私企以及现代化社会实现公正平等的要求。

对于阿联酋女性的平等就业情况以及社会地位,穆罕默德不无自豪地认为,这是阿拉伯世界最成功的同类经验之一,阿联酋的女青年正在规划优质项目,涉及科技、工程、管理、电脑软件等领域,阿联酋国家领导层给予女性的重视是阿拉伯社会中其他阿拉伯女性所得不到的。

"在这里,戴面纱是个人的决定。"一个迪拜妇女这样告诉来自中国的采访者,"很多戴面纱的人只是把它当成出门穿风衣一样普通。"有意思的是,这些养在深闺的迪拜妇女,竟然能够与身穿露脐装、超短裙的女人(不管是不是阿拉伯人)和平相处。②

如今不仅在建筑、交通、通信、银行、商店等基础建设中能见到阿联酋女性的身影,而且在工业、电力等方面,她们也发挥着一定的作用。阿联酋的妇女不仅在受教育和工作方面得到重视,而且她们享有与男人一样的权利,包括财产所有权、劳动权。阿联酋宪法按照伊斯兰教法制定了妇女应享有的财产所有权;在各个行业里参加工作的妇女,工资待遇完全与男人一

---

① ［阿联酋］穆罕默德·本·拉希德·阿勒马克图姆:《我的构想——迎接挑战,追求卓越》,张宏、薛庆国等译,外语教学与研究出版社2007 年版。

② 杨冀:《迪拜——中东最公开的秘密》,《世界博览》2005 年第 3期,第 16—19 页。

样,妇女根据自己的特长和专业可以选择自己喜欢的工作;另外妇女还享有医疗、社会保障权。为了更好地发挥妇女在国家建设和自身发展方面的作用和积极性,在扎耶德总统夫人的倡导下,1972 年成立了第一个妇女组织——妇女振兴会。此后,又出现了类似的妇女组织,如迪拜妇女振兴会、沙迦妇女联合会、阿治曼信士之母会、哈伊马角妇女振兴会、乌姆盖万妇女会。在这些组织的共同努力下,1975 年 8 月 27 日又成立了妇女联合会。该会是一个半官方的有独立法人地位和管理组织权限的机构,由扎耶德总统夫人法蒂玛担任主席。其目的是为妇女在文化、教育、就业等方面提供机会。为此,妇女联合会于1988 年动员社会各界与教育部合作在全国进行妇女扫盲运动,力争在 2000 年到来之前消除阿联酋的文盲。为了实现这一伟大目标,妇女联合会根据各个妇女协会组织的情况和水平制订了相关的计划,举办了各种各样的聚会、文化周,广泛宣传扫除文盲的重要性,鼓励带动孩子上学并完成学业,甚至上大学,以此来提高妇女的文化和职业水平,使她们也能够参加国家的现代化建设。在教育方面,政府采取了一视同仁的政策,男女受教育的权利相等,不仅免费接受教育,而且提供奖学金。过去把女子排除在学校大门之外的陋习已逐步革除。统计数字显示,1970 年妇女文盲率高达 91.1%,到 1980 年妇女文盲率已下降到 36.97%,1985 年下降到 30% 以下。

在大多数非穆斯林的印象中,阿联酋传统女性身着黑纱,并将全身包裹起来,似乎处于一种很不自由的状态。但实际上,在阿联酋这个富裕的阿拉伯国家,女性是非常受尊敬的,并且过得很滋润、幸福。那么阿联酋女性的具体生活状态又是怎样的呢?

首先,母亲在阿联酋的家庭中享有崇高的地位。一直以来,阿联酋人还有着根深蒂固的"男主外、女主内"的观念,他们觉得男人就应该在外面挣钱,而女人就应该照顾家里。因此,当代阿联酋的女性大多数是不外出工作的,同时她们还享有政府的福利补贴。在一个家庭当中,女人的地位不是基于经济基础,而是源于对信仰的践行。在阿联酋的一个普通家庭中,父亲固然会获得尊重,但对母亲的尊重和爱护还是远远高于对父亲的。

其次,阿联酋年轻女性同众多其他国家的现代女性一样,常常引领时尚潮流,站在时尚尖端。根据权威机构统计,阿联酋女性喜欢购买名牌产品,对于国际名牌更是情有独钟。年轻女性喜欢逛街,冲动性购物也是司空见惯。大多数年轻女性紧跟时装发展的新潮流,每天在化妆与服装搭配方面要花费很长的时间。有人做过统计,阿联酋女性每月在时装方面的平均花费约为2200迪拉姆(折合人民币约4100元)。此外,阿联酋的大多数年轻女性还对各种新款电子产品十分感兴趣,几乎每一个人都拥有两部手机、多张信用卡。

不过,随着社会的发展,现在也有越来越多的女性会主动要求分担家庭开销,如果男方接受的话,自然也是可以的;但如果女方并没有这个意愿,也是情理之中的。值得一提的是,即使女性外出工作,她的工资收入也是她的个人财产,男方无权过问。

有作者曾这样描述在迪拜乘坐地铁时的所见所闻:迪拜的地铁很凉爽,人们站在隔开乘客和列车运行区的玻璃栅栏旁。列车到站了,当她走进车厢坐下之后,才发现周围清一色全是女人。她们几乎都围着头巾,穿一拖到地的阿巴雅长袍,有些人的长袖子下露出亮晶晶的手镯。车厢墙壁上有一块用阿拉伯语和英语写的告示板,提醒人们这里是妇女儿童专用区域,地板上有一条粉线,与公共区域隔开,也就是说,女性乘客可以选择是否站在男人堆里。后来上来一个明显不是本地人的小伙子,面纱下的一双双眼睛立刻向他投去不满的目光,最终这个迷途者退到粉线外,如果不这样,他将面临 100 迪拉姆的罚款。据说在迪拜,每天有近百名男子因享受妇女专属的出行特权而被罚款。另外值得一提的是,阿联酋在 40 年前就有了女警,目前仅迪拜就有约 1500 名女警,女警们负责治安巡逻,或者为当地有权有势的女性充当保镖。在阿联酋,女性平等从事与男性相同的职业,如飞行员、法官、政府官员、教师、设计师等。

30 岁的赫萨·阿瓦吉是迪拜媒体公司设计部副经理,也是两个孩子的母亲,她说:"依我看,我们承担的责任比男人还多,因为我们不仅为社会提供服务,还得教育下一代。""我在一个大家庭里长大,有 5 个姐妹、2 个兄弟。我父母从来不认为女人就该在家里带孩子,他们总是谈到教育的重要性。"①

沙迦大学 20 岁女大学生法蒂玛·苏韦迪在一次迪拜展会上接受记者采访时身穿黑色长袖阿巴雅长袍,包着头巾,画着浓重的蓝色眼影。法蒂玛在建筑系学习,她说系里的女生比男生多。关于阿联酋女性,她表示:"我们国家的女性对世界的态度是积极开放的,年轻一代都很独立自主。"当有记者提出"既然女性得戴面纱、穿长袍,又如何独立自主呢?"的问题时,她坦然地回答:"大致来说,我们可以穿任何衣服。但是我们想戴面纱、穿长袍,阿巴雅并不会妨碍我们表现自我。按照我们的宗教传统,女人应该把头发和身体遮起来,不让男人看见。伊斯

---

① 　郭丽妹:《面纱下的独立女性》,《海外文摘》2017 年第 6 期,第 47 页。

兰教非常尊重女人的身体,没有我们的同意,任何男人都不会看见我们的身体。在阿巴雅下面我们想穿什么都可以,但是我们只在父母、兄弟、姐妹、丈夫和孩子这些最亲近的人面前,以及女人圈子内才会脱去长袍,这是我们文化的一部分,我们很尊重它。"①

2017 年 9 月 19 日,阿联酋发布《性别平衡指南:阿联酋机构行动》。该指南被私营和公共部门采用,以此作为推进工作场所性别平衡的行动指南。该指南由阿联酋性别平衡委员会、经济合作与发展组织(OECD)联合发起,是世界上第一个这样的指南。

"2015 年,我们成立了性别平衡委员会,努力使阿联酋达到世界先进水平,并提高了我们在这一领域的竞争力。这一举措是几十年前首次发起的性别平衡倡议的补充。"阿联酋副总统兼总理、迪拜酋长穆罕默德·本·拉希德·阿勒马克图姆在发起仪式上说。

穆罕默德呼吁公共和私营部门认真贯彻《性别平衡指南》的规则和指导方针。他强调,尽管国家努力支持妇女方面的先进经验,实现性别平等,确保男女平等的机会,但阿联酋并不能充分实现这种经验的成果,除非努力确保阿联酋在全球竞争力指数上获得相当的地位。

有关阿联酋性别平衡的调查提供了以下数据:女性占阿联酋劳动人口的 46.6%,继科威特之后排在海湾国家第二位;女性占阿联酋公共部门劳动力的 66%;阿联酋公共部门 30% 的高级职位由女性担任;阿联酋私营部门的女性企业家占 10%;

---

① 郭丽姝:《面纱下的独立女性》,《海外文摘》2017 年第 6 期,第 47页。

阿联酋私营部门 5.5％的高级职位由女性担任。①

　　关于阿联酋妇女地位随着社会进步和对外开放而不断提高的情况,《环球时报》的一名记者曾讲述过自己的一段见闻。有一次记者去会见阿联酋信息研究中心主任齐亚德先生,刚谈了半个多小时,齐亚德先生就频频看表。记者问他是否有别的约会,他说有事要出去一下,并说咱们一起走吧! 在电梯里,他很不好意思地说,他太太在一家公司当财务部主任,他要赶回家去接太太上班,看来阿联酋男子有绅士风度者也是大有人在的。如果女孩子高中毕业后,获得了政府提供的出国留学的奖学金,她的兄弟或丈夫也跟着沾光,可以享受政府提供的带薪陪读的待遇。有一名阿联酋男子在美国一所大学学习了四年的新闻和信息专业,这个机会的获得完全是受益于他的夫人,因为他夫人获得了前往美国留学四年的奖学金。按照阿联酋政府的有关规定,作为家属的他也可以陪同夫人在美国带薪学习四年。回国后,政府仍安排他到原部门工作,并且由于四年的留美经历,他回国后升任部门主任。

　　2001 年 9 月,阿联酋劳动和社会事务部出台了一部关于妇女失业保障的法律。法律规定 35 岁以下的年轻女子,学业完成后没有工作,赋闲在家,如果属于低收入家庭,政府将给予1250 迪拉姆(折合人民币约 2340 元)的生活补贴。超过 35 岁的女性,则不论其家庭状况如何,一律给予 1250 迪拉姆的失业补贴。

　　迪拜妇女协会首席执行官和阿联酋性别平衡理事会官员表示:妇女占据了阿联酋重要的工作岗位。如今,在政府工作

---

　　① 《阿联酋发布"性别平衡指南",大力推进工作场所性别平等》,《绿洲报》(微信公众号)2017 年 9 月 30 日。

领域,女性的就业率占了 66％,关键领域占了 30％。①

阿联酋卓越女性群像

伊布提萨姆·阿卜杜拉齐兹是阿联酋地区最具人气的女艺术家,她的作品曾经于威尼斯双年展、东京森美艺术馆展出,名气也来自她的先锋地位,因为她是阿联酋地区第一位全职女艺术家。对于如今的成就,她表示:"越困难的环境,人就变得越坚强。"曾经有一个很富有的男士向她求婚,并告诉她可以让她过上随心所欲的生活,前提是放弃艺术,结果她给对方的回答是:"要我放弃生命中的最爱没可能!"她的作品种类多元,除了画画、装置艺术,也有表演类,她说:"我热爱身体作为媒介,其中有一次我穿上黑色的连身衣,在衣服上贴上我花了两年存起来的购物和银行单据,再在街上巡游,现在的社会,人已经被量化,数值越大价值越高,表演是对消费主义的无声呐喊。"当下午三四点的商场归于寂静,然后广播里响起清唱的《古兰经》,伊布提萨姆·阿卜杜拉齐兹说:"我非常尊重我的国家和信仰,我出门也都会穿上这样的长袍,但我希望可以不仅仅是作为女性去表达。"②

与海湾邻国相比,阿联酋的女性权益和地位相对较高。2016 年 2 月,阿联酋任命一名 29 岁女子出任该国首位"幸福部长",令人眼前一亮。据悉,这位名叫鲁米的女性部长拥有经济学学士学位和工商管理硕士学位,曾被联合国基金会任命为全球企业家理事会成员,是阿拉伯国家中首位获此任命的人士。

---

① 《阿联酋政府职员中,女性占 66％》,迪拜中华网,2015 年 10 月 20 日。

② 荷里活:《冲破枷锁的阿联酋女艺术家》,《南都周刊》2013 年第 17 期,第 82 页。

迪拜酋长穆罕默德承诺,要让幸福成为"我们的生活方式",还多次赋诗表达这一决心。在一首名为《最幸福的国家》的诗中,他写道:"我们的民众不受烦恼和伤痛侵袭,他们的儿女身处和平中;告别恐惧,他们满怀期望和梦想;告别眼泪,他们生活在公义中;梦想全都实现,不再追逐幻影,他们的美梦成真。"①

2017 年 3 月在迪拜举办的第四届中东女性电影展中,新锐女导演萨拉·阿尔哈什米成为年度新兴人才领袖奖得主。萨拉是阿联酋扎耶德大学的学生兼导演,她的作品《柠檬汁》讲述了阿联酋一个自闭症患者的父母为患者寻找医护治疗积极奔走的故事。她在获奖后表示,在中东地区没有太多女导演,有一些也不太为公众所了解。她想在公众面前露面,让人们看到并谈论她的作品,以此鼓励更多女性成为导演。她同时认为,这是个女性与女性互相支持的年代,女性也在做大事,尤其是在迪拜这个支持女性的地方。

萨拉亚·阿尔·阿瓦迪女士是阿联酋萨拉亚·阿尔·阿瓦迪集团公司的创办人。2006 年 12 月,她第一次在世贸中心组织了女性主题展览,这是世界上第一个由阿联酋女性组织的展会,因此萨拉亚成为举办展会的首位阿联酋女性。在那以后,她开始定期举办针对女性的活动,从 2006 年到 2016 年,她已经成功筹办 18 次大型活动,这些活动在阿联酋当地人中具有很大的影响力。据萨拉亚介绍,最初很多当地女性都是在时尚、美发等领域发展自己的事业。随着时间的推移,人们意识到,女性有能力管理好任何类型的企业。她们可以进入房地产、保险等行业,也可以承包工地、做贸易,并且她们能做得很

---

① 《阿联酋内阁至少 5 名女部长,29 岁女性任幸福部长》,http://news. sohu. com/20160211/n437227925. shtml。

好。迪拜政府部门也有很多女性官员,阿联酋也有女飞行员,随着越来越多的事例被大众知晓,每个女人都知道她是能做好各种工作的。萨拉亚坚信,只要有想法,从小事做起,坚持不懈地辛勤劳动,每个人都会获得成功。

关于阿联酋女性社会地位的提升以及在国家建设中日益成为重要的存在,有其深刻的社会背景:

首先,经济发展推动了社会变革,使阿联酋固有的社会结构、亲缘关系、价值观念产生巨大变化,逐渐打破了以血缘为纽带的部落、家族关系,政权通过政府职能由封闭式向共同参与转变。

其次,阿联酋的人口现实,决定了妇女参加社会经济发展的必要性和紧迫性。加之教育体制的不断改进和先进的媒体宣传日臻完善,越来越多的妇女开始走出家门到政府机关等职场上班,新闻报道也日益将妇女问题和消费观念等作为其关注的话题,阿联酋妇女在社会发展中发挥作用的领域日益广阔。

下篇

天涯知己若比邻——中国与阿联酋

丝路明月在海湾升起——中阿关系的历史考察

2017 年 8 月,来自中国故宫的考古队与英国杜伦大学考古系组成的联合考古调查团一行五人应阿联酋哈伊马角酋长国古物博物馆邀请,对当地的部分考古遗址和现代港口进行了调研考察。在与中国相关的考古发现方面,这次考察可谓收获颇丰。库什遗址位于哈伊马角西马尔村西北部,年代贯穿萨珊时期与伊斯兰早期。库什遗址一共出土和收集陶瓷遗物 65203 片,其中地层发掘出土陶瓷遗物为 30398 片。中国陶瓷的种类包括越窑青瓷、广东青瓷、德化青白瓷、龙泉青瓷和青花瓷等品种。此次调查活动中也采集了一些中国瓷片。另一处伊斯兰早期海滨聚落遗址位于迪拜市中心朱美拉地区。该遗址位于距迪拜现代海运港 600 米左右的地方,年代为 9—12 世纪。遗址出土了一些中国唐代南方粗瓷和北方邢窑白瓷,收藏于迪拜国家博物馆。联合调查队继续向西南侧海滨推进,在现代临海的潟湖区域考察了年代为 14—16 世纪的祖尔法遗址保护区。祖尔法清真寺遗址一共出土了 46377 片陶瓷碎片,其中包括少量元代德化白瓷、元明时期的龙泉窑青瓷和明代中晚期及清初的青花瓷残片。因为祖尔法地区的商业发展,哈伊马角陶业也成了当地经济贸易的重要组成部分,但由于当地陶器品质一般,这里才成为包括中国在内各国生产的陶瓷器的传统行销市场。联合调查队因此考察了位于阿尔哈马拉岛的阿尔扎布清真寺遗址(al Zaab Historic Mosques)与哈伊马角老城的若干考古遗迹。遗址出土了一些中国陶瓷,全部为民窑青花瓷,年代主要为清代雍正时期至民国时期。联合调查队还考察了位于祖尔法遗址北部沿岸地区的哈莱拉岛,一个长约 8 千米的屏障岛。1991 年在哈莱拉岛的地面调查中一共发现了 1225 片陶瓷碎片,其中有一些中国南方(和东南亚)粗瓷和疑似明代白瓷的瓷器碎片。在迪拜博物馆的考古展厅中,联合调查队重点研究了迪拜朱美拉遗址出土的陶瓷器物,其中包括唐代中国南方的粗瓷与北方邢窑白瓷,这个发现为了解中国陶瓷在西印度洋贸易活动中的价值与贸易方式提供了重要的线索。①

由于考古专业的特殊性,对于那些曾经在地下沉睡数百年甚至千年的文物所负载的沉厚历史和珍贵的文化密码,或许我们无法从专业的角度去研究和解读,但部分遗址当中中国古代瓷器的存在仍会激起我们对于中国同阿联酋源远流长之关系的浓厚兴趣,并借由这片片陶瓷穿越时光隧道,串起一段段中阿自古至今跨越万里、交融共通的丝路传奇。

"知识虽远在中国,亦当求之!"这句至今仍在中东地区广为流传的阿拉伯古训,表达了阿拉伯人民对中华文明和中国智慧的倾慕与向往,激励着古今无数阿拉伯人来到中国,开始谱写中阿两大文明友好交往、互学互鉴的历史佳话。

唐宋时期,中国与阿拉伯的交往已趋密切。史籍记载,自唐永徽二年(651)至贞元十四年(798)的百余年间,大食(阿拉伯)向唐遣使多达 39 次。唐中后期,大批阿拉伯人来华定居,

---

① 张然、翟毅:《故宫考古队员赴哈伊马角调查纪略》,故宫考古微信公众号,2017 年 9 月 7 日。

学习中国文化,不断融入中国社会。唐时来华的阿拉伯旅行家苏莱曼在《中国印度见闻录》中记有那时来华阿拉伯人的活动情况。唐人杜环曾留居大食多年,撰有《经行记》,详述了他所见所闻的阿拉伯民情风俗与宗教文化。宋人周去非《岭外代答》中专列《大食诸国》一卷,介绍阿拉伯地区的情况。元代时,丝绸之路持续繁荣。中国四大发明及制瓷、纺织等技术陆续西传阿拉伯,再远传欧洲,阿拉伯科技文化与人文学科也大量传入中国。明初航海家郑和七下西洋,遍访海上丝路沿线国家,包括今阿曼、沙特、也门、索马里、埃及等阿拉伯国家,促进了中阿间的友好交往与文化交流。明清时期,中国涌现出王岱舆、刘智等一批回族学者,致力于以儒诠经,用汉语沟通中阿文化,将两大文明的交流互鉴提升到哲学思想的层面,从学理方面为伊斯兰教中国化奠定了坚实基础。

让我们将时间的指针拨回到 1000 年以前,彼时,一艘艘满载阿拉伯香料的商船经过几个月的颠簸,停靠在泉州港口,卸下中国人喜欢的各种香料,然后又装满了宋代的青瓷和丝绸,再历经几个月的风吹雨打和海上漂泊,终于回到阿拉伯港口。经过各个部落之间的交换,其中的一只瓷碗来到了海湾南岸的朱美拉部落。岁月更替,如今这个部落居住的小镇已经消失,而这个宋代的瓷碗则永远沉睡在遗址里。恍惚间,时光穿梭到 1967 年,在朱美拉地区考古发现中,这只瓷碗重见天日,虽然已经破碎不堪,但是这几片小小的瓷片,经过千年的轮转最终被人们发现并珍藏在迪拜博物馆中。如今,关于这件宋代青瓷的来历已不可考,我们也无法确定在遥远的过去是否已经有华人拜访此地,但这片中国瓷器像一个引子,让我们感知到中国与迪拜存在着某种古老的联系。在宋代,中国和迪拜就已经通过海上丝绸之路存在着广泛的连接和交流,这也是目前能够找到的古老的实物线索之一。

这片土地上的先人一定不会预料到，在遥远的未来，中国与阿联酋的关系会如此紧密，会有如此多的华人在这片土地上驻留、发展并开枝散叶……

1971年12月2日，阿联酋正式建国。当时中阿双方均表示期待建立外交和经济关系，但是由于特殊的地缘与国际形势，当时并未立即建立外交关系。

1981年，中国卫生部对阿联酋援外医疗队在沙迦成立，第一批医疗队共计14人，之后又陆续外派了几批到阿联酋，都是以中医针灸推拿的医生为主。正是这批援外医疗队，开启了中医在阿联酋的发展历史，促进了当地阿拉伯人对中国传统中医的认知，为后来以针灸为主的中医在阿联酋的立法奠定了良好基础。

1984年11月1日，中国和阿联酋迎来了重要的时刻，两国正式建立外交关系，无论是中国政府还是中国民间都开始积极地与阿联酋开展各个方面的合作。1985年，中国在阿联酋首都阿布扎比开设中国驻阿布扎比大使馆；1987年，阿联酋在中国首都北京开设阿联酋驻北京大使馆；1988年，中国在迪拜开设中国驻迪拜总领事馆。在这个时期，中阿两国的贸易往来已经相当成熟，中国在阿联酋的出口贸易相比10年前翻了3倍，而阿联酋也成了中国化肥的主要出口国，阿联酋沙迦酋长国成为中国航空往来的重要中转站。

20世纪80年代末90年代初，中阿两国的关系日益紧密，交流与访问日益频繁。1989年12月，国家主席杨尚昆访问阿联酋，在西方国家集体制裁中国的情况下，阿联酋总统扎耶德隆重热情地接待了杨尚昆主席。次年5月，阿联酋总统扎耶德对中国进行友好访问。高层互访使两国的友好合作关系进入了一个新的阶段,两国贸易交往在此期间得到了进一步的发展。值得一提的是,1989 年杨尚昆主席访问阿联酋时,扎耶德总统特意安排了最高规格的礼遇和盛大的欢迎仪式,打破惯例,6 位酋长或副酋长及军政要员前往阿布扎比国际机场欢迎中国代表团。两位国家元首会谈期间,杨尚昆主席谈及了中阿两国友好合作关系的长足进展,并介绍了当时冷战状态下中国面对西方干涉行为的"三不怕"原则,即不怕制裁、不怕恫吓和不怕困难。扎耶德总统对此给予了高度评价并称赞中国人的有理、有力和有节,并表示阿方愿意积极同中国发展经贸合作关系,同时欣然接受杨尚昆主席的邀请,计划于次年访华。1990 年 5 月,扎耶德总统如约访问中国,访华期间他与中国传统中医按摩的不期而遇至今令前驻阿联酋大使刘宝莱记忆犹新。阿方代表团参观长城返回国宾馆后,扎耶德感到身体不适,中方推荐了两位医术高超的按摩医生为其治疗,结果效果良好,扎耶德很快康复。扎耶德对此感到十分高兴,正式邀请两位医生赴阿联酋为其和家人进行按摩保健工作,由此扎耶德总统对按摩、针灸以及中医和中草药产生兴趣,对加强两国卫生部门在中医药领域合作事宜给予较大关注并最终同意中医进入阿联酋。① 1993 年 1 月,李鹏总理出访欧洲时途经沙迦,受到了沙迦酋长苏尔坦的欢迎。

随着中阿两国商贸活动的日益增加,迪拜已经逐渐成为中东地区的经济中心。中国新闻单位在阿联酋也开始设立常驻机构,1990 年新华社阿联酋分社成立,1995 年《经济日报》记者站成立。

1995 年,中国同阿联酋的关系经历了一次波澜和考验。当

---

①　刘新生、赵国明:《外交官历史亲历记》,九州出版社 2013 年版。

年,时任台湾国民党主席李登辉要求拜访阿联酋,由于台湾当时是阿联酋的石油大买主,阿联酋总统扎耶德豪爽地接受了本次访问。也许他当时并不知晓这个来访者还怀揣着分裂中国的阴谋,更没有想到接受这次拜访会严重地伤害中阿两国的关系。时任中国驻阿联酋大使刘宝莱回忆:1995 年 4 月 1 日,李登辉对阿联酋进行了私人访问。3 月 28 日,刘大使紧急约见了阿方官员,并想办法见到了扎耶德总统,向他表达了中方就此事的严正立场,扎耶德总统沉思片刻并表示会过问此事。但后来李登辉还是如愿于 1995 年 4 月入境阿联酋,并要求会见总统,扎耶德总统坚持不见,李登辉自觉没趣,在阿联酋停留 23 个小时后便悻悻飞往他国。此外,阿联酋方面控制了新闻媒体,对此事未做任何报道,进行了冷处理。后来有人向刘宝莱大使谈及扎耶德总统拒见李登辉的原因时说,总统已经意识到中国政府对此事非常重视和敏感。但与中国一向友好的阿联酋成为世界上屈指可数的几个接待过李登辉的国家之一已成事实,这伤害了中国的感情,中阿关系从此进入一段低谷时期。直到 1997 年军委副主席迟浩田访问阿联酋,双方关系开始回暖,此后两国政治互信与战略合作关系不断得到提升。2008 年 5 月,阿联酋政府在中国汶川地震后向中国提供了 5000 多万美元的援助,为中国抗震救灾做出了重要贡献。2012 年 1 月,国务院总理温家宝率团访问阿联酋,出席了在阿联酋举办的第五届世界未来能源峰会,并签署了关于建立两国战略伙伴关系的联合声明。同年 3 月,阿布扎比酋长国王储穆罕默德·本·扎耶德·阿勒纳哈扬访华,阿联酋成为该年度第一个与中国建立战略伙伴关系的海湾阿拉伯国家。此后,阿联酋高层进一步知华友华,王室和政府高官访华人数、次数与日俱增。2013 年,阿联酋联邦国民议会议长莫尔访问中国,阿布扎比酋长国王储兼阿联酋武装部队副总司令穆罕默德曾于 2014 年、2015 年两次访华。

时代的车轮继续前行，历史的指针指向了 2018 年——中国与阿联酋关系史上注定不同寻常的一年。2018 年 7 月 19 日，中华人民共和国国家主席习近平应阿拉伯联合酋长国总统哈利法的邀请访问阿联酋。这是近 30 年来中国领导人对阿联酋进行的最高级别访问，也是习近平自连任来首次访问外国。习近平主席此访为近 30 年来中国国家元首首次访阿，意义重大，影响深远。

7 月 18 日，习近平主席在阿联酋媒体发表《携手前行，共创未来》的署名文章。文章希望两国携起手来，做真诚互信的战略伙伴、共赢共享的合作伙伴、互学互鉴的交往伙伴和实践先行的创新伙伴。

阿联酋当地报纸《国民报》头版刊登习近平主席文章

对于这次访问，有媒体用三个"高"字进行了评价和总结：首先是超"高"规格——盛大欢迎场面。习近平主席访阿期间，阿联酋给予高度重视，各项安排处处用心。在机场迎接、欢迎仪式、会谈、见证合作文件签署、宴会等多场活动中，阿布扎比酋长国王储穆罕默德和阿联酋副总统兼总理穆罕默德两位阿联酋领导人全程陪同习近平主席。这在阿联酋外交活动中非常罕见。其次是更"高"水平——伙伴关系升级。此次访问中，习近平主席同穆罕默德王储、穆罕默德副总统兼总理举行会谈时，一致决定将中阿双边关系升级为全面战略伙伴关系，新增的"全面"二字，寓意中阿将深化战略互信，推进两国关系在更高水平、更宽领域、更深层次上不断发展。再次就是最"高"荣誉——彰显崇高敬意。在访问活动中还有这样一个令人难忘的庄严时刻，那就是穆罕默德王储向习近平主席授予阿联酋国家最高荣誉勋章"扎耶德勋章"。①

需要特别指出的是，对于这次高端访问，阿联酋国内上至政府、下至民间都拿出了十足的诚意，可谓做足了功夫，表现出希望同中国深化友谊的强烈愿望。在习近平主席访阿前夕的7月15日上午，由阿联酋文化与知识发展部、中国国务院新闻办公室、中国外文局、中国驻阿联酋大使馆共同主办的《习近平谈治国理政》中阿读者会暨中国图书展销周开幕式，在阿联酋首都阿布扎比的萨迪亚特岛"灯塔"文化中心举行。阿布扎比王储穆罕默德在习近平主席到访前表示，希望习主席访问时签名赠送两本阿文版的《习近平谈治国理政》，并表示："习近平主席的执政理念，不仅是为本国人民谋幸福，而且要为世界人民谋利益，这应该成为各国领导人执政的指南和标杆。"就在习近平主席抵达阿布扎比当天，阿联酋《联邦报》发表了题为《重要的访问　最热烈的欢迎》的社论。文章说，中国发展道路给阿拉伯国家政治精英开辟了新的视野，他们应该认真研读《习近平

---

① 《习近平的阿布扎比时间：中阿关系迈新"高"》，http://www.xinhuanet.com/world/2018-07-21/C_129917999.htm。

谈治国理政》这本书,来学习中国独特的发展经验,理解如何在短时间内实现巨大的跨越式发展。

7月15日晚,为迎接习近平主席到访阿联酋,迪拜"拥抱中国(Hala China)"计划启动仪式暨"一带一路——风从海上来"大型文艺演出在当地最高艺术殿堂迪拜歌剧院隆重举行。此次活动正值习近平主席对阿联酋国事访问前夕,充分反映出阿联酋政府和人民以及全体旅阿华侨华人对习主席到访的热切期盼。"拥抱中国"计划执行委员会主席马吉德亲王首先致辞,他说,感谢和欢迎中国国家主席访问阿联酋,此访必将使两国关系提升到一个新的高度。"风从海上来"讲述的是中国"丝""瓷""茶"走向世界的故事,浙江歌舞剧院的演员们以他们优美的舞姿、精湛的表演再现了东方文明古国与世界其他区域通过海上丝绸之路开展贸易、发展关系、增进友谊,交流交融交织的过程。此次活动作为习近平主席访问阿联酋配套活动取得了圆满成功。据了解,"拥抱中国"计划由迪拜米拉斯集团和迪拜控股集团联合发起,这一计划将推出涵盖贸易、投资、文化、旅游等各个领域的项目与活动,旨在响应习近平主席提出的"一带一路"倡议,将为进一步夯实和拓展中国与阿联酋双边关系注入新动力。

访问期间,阿联酋国内热烈欢腾的场面处处可见,精心周到的接待贯穿全程,同时阿联酋"全酋飘红",中国元素处处可见:首都阿布扎比和全国各主要大道都悬

习近平主席访问期间,阿联酋全国飘红

挂起了五星红旗,许多地标建筑连续多日上演中国国旗灯光秀;12 架战机升空护航,12 名礼兵骑马护卫,空中骑士飞行表演队在湛蓝的天空中勾勒出象征中国国旗色彩的红黄彩带;就连当地电信运营商也将手机信号名称改为"欢迎中国国家主席"(WelcomePresChina)。

7 月 20 日,习近平主席到访阿联酋第二天,中阿合作文本交换仪式在总统府大会见厅举行。穆罕默德王储特意安排自己的侄女用阿中双语主持仪式。这位 19 岁的姑娘,从小在阿布扎比第一所中文学校学习中文。"中文热"走进阿联酋王室,走进阿联酋的城市和乡村。习近平主席访问期间,穆罕默德王储宣布,将全国开设中文课程的学校,从原计划的 100 所增加到 200 所。

2015 年的中国之行让阿联酋阿布扎比王储穆罕默德感受到了中国发展的蓬勃力量,看到了阿中合作的巨大潜力,更加坚定了"向东看"的选择。这次见面,穆罕默德王储告诉习近平主席:"深化同兄弟般中国的传统、战略、友好关系始终是阿联酋对外关系的重中之重。"习近平主席同样表示,中阿两国虽相距遥远、国情千差万别,但两国人民都极具奋斗精神、创新精神和追梦精神,相信中阿可以成为相互学习、相互借鉴、相互帮助的好朋友、好伙伴,实现共同发展繁荣,为我们共同的世界、共同的未来做出更大贡献。

近年来,中国同阿联酋双边合作取得的成绩可谓亮眼:两国在商品贸易领域的合作正走向优化,在能源领域的合作正走向上游,在金融领域的合作正走向深化,在新能源、信息技术等高新领域的合作正逐步兴起。中国企业积极参与阿联酋机场、港口、道路、通信等领域建设,为阿联酋国内基础设施建设进一步完善和本地区互联互通贡献力量。例如两国央行续签本币互换协议,签署在阿联酋建立人民币清算安排合作备忘录,并同意将人民币合格境外机构投资者试点扩大到阿联酋;中阿共同投资基金已完成 12 个项目、总额 10.7 亿美元的投资决策;阿联酋为亚投行创始会员国,目前已成为海湾地区最重要的金融中心,中国四大国有银行中国银行、中国建行、中国工行、中国农行全部在阿联酋设有分支机构;阿布扎比国民银行、迪拜酋长国国民银行在中国上海等地也开设了分行或开办人民币业务;两国不但签署了本币互换协议和建立人民币清算中心,而且设立了 200 亿美元的共同投资基金;总额 100 亿美元的中阿共同投资基金运转顺畅,成为两国深化务实合作的新亮点;中国石油和华信能源赢得了阿布扎比陆上石油区块 12%、为期 40 年的权益,这是我国在阿拉伯产油国首次与当地国家石油公司并肩成为投资方,是我国在中东、北非推进"一带一路"建设的战略性突破;2016 年 9 月,中远海运获得了阿布扎比哈利法港 2 号码头 35 年的特许经营权;2016 年 6 月,哈电集团、丝路基金以投资方身份参与了中东地区首个清洁煤发电 BOO 项目,我国在阿金融机构参与了项目融资;2017 年 2 月,晶科能源与日本企业联合体中标阿布扎比 1177MW 光伏发电项目,这是全球首个最大的单体太阳能发电项目。

　　此外,在人文交流领域,阿联酋成为中国公民首站旅游人数最多的中东阿拉伯国家,2017 年中国赴阿联酋游客数量首次突破 100 万人次,在阿联酋过境游客约 350 万人次,阿联酋已成为中国公民在中东地区最受欢迎的旅游地,每周往返两国客运航班达 150 架次;阿联酋"青年大使"项目迄今已成功举办 6 届中国行活动,百余名阿联酋青年精英赴华交流参访;双方依托中阿合作论坛,在文化、艺术、教育、传媒、旅游等诸多领域的交流合作不断扩大和丰富。

同在他乡为异客——阿联酋华人①历史变迁

　　据不完全统计,2002 年中国在阿联酋长期居住的人口约 3 万人,其中从事商贸活动的约 6000 人,而截至目前约有 30 万华人居住在阿联酋,从而使得该国成为中东地区最大的华人侨居国,且多数华人集中在迪拜。那么如此庞大的华人社群,是如何从无到有,由少到多,并逐渐扩大至今天的规模的呢? 尽管难以进行精确的梳理,但的确是一个值得回溯品味的过程。

　　总体来说,华侨华人进入阿联酋特别是迪拜主要分为以下几个重要阶段:一是 20 世纪 80 年代至 90 年代初期,以大型国企外派人员为主体,这些公派人员与当地政府关系密切,熟悉当地社会环境,在国内实行企业改制后不少人选择利用现有优势实现华丽转身、自主创业;二是 20 世纪 90 年代末期,华商开始瞄准中东市场,大批华商有规模地进入阿联酋淘金,从事进出口贸易,中国制造在阿联酋的影响力不断扩大,其中尤以浙江商人群体最为突出;三是进入 2000 年以后,我国政府提出了全面"走出去"发展战略,鼓励国内企业进军海外市场,阿联酋华人华侨数量大幅增加并始终保持上升势头,近年来呈现从业结构多元化和赴阿联酋华人群体年轻化趋势。②

　　20 世纪 80 年代,中国改革开放方兴未艾,中国和阿联酋在经济、文化等多领域往来合作日益频繁。在民间层面,中国大陆华人开始与阿联酋展开文化、经济上的交流与合作。在该时

---

　　①　此处"华人"主要指来自中国大陆的华人群体,且以在迪拜者居多。

　　②　广东省赴非洲—中东侨务资源调研团:《阿联酋华侨社会的现状》,http://www.qb.gd.gov.cn/dzkw2010/hqyhr/41/201204/t20120409_261453.htm。

期,石油收入尽管为阿联酋带来巨额财富,可当时阿联酋的基础设施建设几乎是从零起步,建筑工程领域市场需求十分旺盛,自 20 世纪 80 年代初期,中国的工程与建筑企业便陆续进入阿联酋建筑承包市场。至今,中国建筑承包公司已经在阿联酋的建筑市场中扮演着举足轻重的角色。

20 世纪 80 年代在阿联酋的中国人主要是来自外贸公司和工程公司的国家公派工作人员,因此阿联酋中国大陆华人社群的发展总体是以公派贸易为主流,民间贸易以辅助形式存在,该时期也被视为华人在阿联酋发展的原始积累时期。

由于国家对外贸体制进行了重大改革,外贸经营权已经逐步下放到各个省区市,国内许多省份均在迪拜设立隶属省级的外贸公司,也建立了纺织、食品、轻工、机械等分公司,从而进一步推动了中国商品在迪拜的落地与推广。据说,当时整个阿联酋只有 2000 多名华人,大部分以国企公派为主。国企公派人员主要在迪拜和阿布扎比进行商贸活动,而民间贸易则在沙迦、阿治曼和迪拜均有涉猎。[①]

随着改革开放的进一步推进,国家在海外的分部进行体制改革,许多当年阿联酋的公派人员纷纷成立了自己的私营公司,不少曾经的公派人员摇身变成从事海外贸易的私企老板,以更加灵活的方式继续在阿联酋深耕与拓展贸易,迪拜华人民间贸易步入空前发展的黄金时期。而到 20 世纪 90 年代后期,随着中国政府为民营经济的海外拓展市场提供更多政策上的支持与便利,大量私企开始以开设分公司的形式进驻迪拜,中阿双边贸易和旅游合作取得长足发展。

---

① 毛一鸣、李华飞:《迪拜华人简史》,http://www.dubairen.com/45629.html。

1997 年,阿治曼中国产品交易中心开始招商,这是阿联酋历史上第一个真正意义上的中国城。2000 年,阿联酋第二个中国城——沙迦大地中国城开业。尽管两者最终都以失败告终,但正是华商在这两个中国城的摸索与尝试,为后来迪拜的中国鞋城、贸易城和轻工城以及之后的龙城的创建奠定了一定基础。

1998 年,由沙迦政府提供土地、中国机电公司承建的中国机电产品展览中心于 2000 年 4 月正式开业,并成功举办了第一届中国机电产品展览会。之后沙迦的这个机电产品展览中心连续举办过多次中国机电产品展览和中国商品交易会,为中国产品走进阿联酋起到了非常重要的促进作用。①

进入 20 世纪 90 年代中后期,迪拜的民间贸易已成为主流,阿联酋第二个华人贸易时代已经来临,越来越多的华商来到迪拜从事经贸活动,迪拜华人社群的规模与结构发生明显变化,海外华人在迪拜开始书写新的历史篇章。

进入 2000 年,迪拜华商迎来更加有利的营商机遇和环境,中国商品因物美价廉,加之中东市场物资匮乏、市场需求旺盛,而一度供不应求。随着迪拜华人贸易规模与华商队伍不断扩大,迪拜的海外华商逐渐占据了在早期木须巴扎市场基础上分离出的手机、汽配、窗帘等更加细化、专业市场的主导地位。人口的增长带动了华人生活设施的发展,中餐厅、华人超市、华人理发店和中文网吧等应运而生,迪拜华人最终拥有了属于自己的真正意义上的大型侨民社群。

2004 年,中东最大的中国商品贸易集散中心——龙城正式

---

① 毛一鸣、李华飞:《迪拜华人简史》,http://www.dubairen.com/45629.html。

开业。据介绍,这里是中国在整个中东地区最大的商品集散地和销售批发中心,同时也是中国在世界上最大的商品海外贸易中心以及最大的海外经贸平台。龙城的诞生得益于中国与阿联酋政府对双边经贸合作的共同重视。2002 年 3 月,时任国务院副总理的吴仪女士访问阿联酋时与阿方达成合作意向,由中国商务部和迪拜世界集团共同投资兴建一座中国城,龙城项目由此诞生。根据协议,龙城由迪拜世界集团下面的椰枣林公司负责开发,该公司不负众望,龙城于 2004 年 12 月正式建成并投入使用。但开业伊始的龙城经营状况并没有如人们最初预期的那样生意红火、宾客盈门。当时不完善的配套和稀少的客流,并没有为早期龙城的商户带来实实在在的利润,很多早期的中国商户甚至赔了钱。据龙城的老商户们回忆,当时初建而成的龙城除了龙城市场这座巨型建筑和附近的国际城住宅区以外就是一片茫茫的荒芜沙地,没有停车场,没有绿化,没有配套设施,甚至连台阶都没有。由于客流量少,很多商人只好一边交着租金,一边拖着商品去周边各地的展览会上售卖,以此维持。因此,龙城开业初期其实并没有对迪拜华人社群版图造成太大影响,同期配套的国际城社区在当时也是一片冷寂。从开业到现在,据说龙城前后已经换了 7 拨商户,可谓大浪淘沙、适者生存,在黑暗中坚持前行的人最终成为笑到最后的赢家。难以捉摸的市场似乎在有意考验人们的耐心,到了 2007年左右,或许是因为厚积薄发的效应,龙城的经营状况忽然好转,知名度和人流量开始大大提升,广大龙城华商在遇冷数年后迎来了贸易发展的黄金期。除了阿联酋当地人以外,来龙城购物的还有许多来自周边阿拉伯国家、欧美国家、南亚国家以及东南亚国家的客人。商业带动人口,人口带动生活,随着龙城贸易形势的持续向好,当时龙城和国际城的华人社群已初具规模,华人社群的配套设施与服务也逐步走向完善。

迪拜龙城

随着中国同阿联酋经贸合作关系的不断推进,双方在合作形式与合作领域方面也不断推陈出新。以作为阿联酋支柱产业之一的旅游业为例,2009 年中国与阿联酋旅游目的地国协议正式生效,阿联酋正式成为中国公民组团出境旅游的目的地,由此开启了双方旅游业合作的黄金时代。由于以迪拜为主打的阿联酋旅游业具有旅游设施齐全、交通便利、迪拜旅游形象宣传成功到位等优势,加之中阿两国政府层面的重视与支持,2016 年阿联酋政府更是出台中国驾照可以在阿联酋直接更换为本地驾照以及对中国公民开放免费落地签两项利好政策,迪拜游由此成为国人春节期间出境旅游的热门选择。至今每年华人赴迪拜旅游的人数一直保持增长态势,尤其是春节长假期间,据说由于中国公民参团或自助到阿联酋旅游人数不断增多,中国人在迪拜开办的旅行社甚至出现"导游荒"和春节期间往返迪拜一票难求的情况。

随着中国"一带一路"倡议的提出,中国同阿拉伯国家的经贸合作掀开新的一页。中国和阿联酋多边合作日益增多,双边商务活动也变得愈加频繁,而迪拜作为中东最重要的枢纽城市和"一带一路"的重要节点城市,在中国同阿联酋合作中发挥着不可或缺的作用,这一新的双边合作态势同样惠及迪拜华人社群。伴随中国和欧美互联网行业的饱和与激烈竞争,中东的互联网市场被普遍认为前景一片大好。从手游到电商,再到生活服务和社交领域,凭借经验和资本,中国互联网公司在这两年间开始向中东输出各式各样的互联网商业模式,呈现方兴未艾之势。阿联酋占据中东电商市场半壁江山。从某种程度上说,这一政府间共识的达成是近年来中国与阿联酋乃至中东地区电商合作快速发展的结果。中东电商市场虽体量不大,但近年来年均增长率约20%,被业界称为"现象级",这一增长与中国企业在当地的发展密不可分。用浙江执御信息技术有限公司负责人丁伟的话来说,中国电商的优势来自两方面:一是品类齐全、物流便捷的供应链;二是灵活的互联网思维,购物节营销、网红店等概念均首创于中国。① 到 2017 年,少数中国互联网公司在中东已经取得了不错的成绩,如跨境电商执御等知名企业,中国的互联网正成为影响中东互联网格局的一支重要力量,通过电子商务推动各自优质特色产品贸易,开拓中阿经贸合作新途径和新领域,中国同阿联酋两国贸易便利化程度和合作水平获得了进一步提升。同时,如前所述,中阿合作的推进特别是旅游业领域的互动发展,客观上对阿联酋特别是迪拜华人的规模与构成产生辐射和影响,大量面向华人的就业机会应运而生,吸引了许多新的华人群体来迪拜就业,这些不断涌入的迪拜新华人,使得迪拜华人的从业结构也从早期的贸易和工程逐步渗透到旅游、零售、服务、电子商务等多个领域,同时华

① 曲翔羽、黄培昭:《中东线上经济潜力正被发掘》,http://world.people.com.cn/n1/2018/0819/c1002－30236773.html。

人社群结构也日趋年轻化。迪拜华人的网格化布局已经逐渐形成,并在各自的阶层和群体内部形成了自己的活动圈、媒体圈与社交圈。与日俱增的华文媒体和自媒体也通过互联网和人际网巩固着自己的信息渠道。通过各种社交圈和互动平台,华人社群的讯息获取渠道更加丰富多元,资讯接收速度更加迅速快捷,客观上有助于迪拜新华人群体能够更快、更容易地适应与融入迪拜社会,实现迪拜新老华人群体的顺利沟通与整合。

谈到华人群体在资讯信息和精神方面的需求,有必要对阿联酋华人媒体的发展情况加以了解。阿联酋华人规模的不断扩大和华人社会的迅速崛起,为阿联酋华人媒体的产生准备了读者群体和商业机遇,加之阿联酋政府较为宽松的新闻政策,阿联酋海外华人媒体应运而生并不断涌现迭出。1999年,迪拜华商王伟胜和刘海涛联合创办海湾华人网,并于2001年更名为迪拜华人网。该网站成为阿联酋首家华文传媒,并由此宣告阿联酋华文媒体时代的到来。之后,中国驻阿联酋机构如中国驻阿联酋大使馆、中国驻阿联酋大使馆经参处、中国驻迪拜总领馆、中国驻迪拜总领馆经济商务室也相应创建自己的网站,阿联酋中国商会也于2004年创建了自己的网站,此后迪拜人和迪拜中华网于2010年先后发力并发展为目前在迪拜华人圈拥有较大影响力的两家华文媒体。2001年,迪拜第一份华文纸媒《绿洲报》创刊,旨在为初到阿联酋的华人提供资讯帮助与指导。2003年,《新民商报》在阿联酋媒体城成功注册,成为阿联酋首份获得发行牌照并在阿联酋7个酋长国发行的华文报纸。此外,《东方商报》《中东侨报》《华人时报》《华人之窗》等阿联酋华文报刊相继问世。2006年,中东首家由中国人创办的华文电视台——亚洲商务卫视正式开播,并被视为中国文化在当地传播的良好窗口。

中阿贸易的蓬勃发展促进了华商间的沟通与交流，华人社群开始自发形成以省份或地区为主的地缘性商会组织。2004年3月，由陈志远先生发起成立了阿联酋温州商会，成为阿联酋首个华人商会。同年6月，在中国商务部、中国贸促会、中国驻阿联酋使领馆的支持下，阿联酋中国商会成立。在10多年的发展过程中，商会会员数量已突破160家，涵盖了能源、建筑、通信、纺织、物流、金融、旅游、会展、餐饮、家具等行业中在阿经营良好的中资机构和华人企业，会员大多来自各大中资公司和知名华企。2009年底，在中国侨联、驻阿联酋使领馆的支持与指导下，阿联酋华侨华人联合会在迪拜正式成立，是阿联酋华侨华人自愿成立的一个具有公益性、非营利性的以自然人为会员的民间团体，在阿联酋华侨华人中具有广泛代表性。上述华人华侨的组织与团体自成立以来，根据自身性质、定位与行会宗旨，在为企业与华商提供多种服务，帮助企业与华人反映诉求、解决纠纷、提供扶助，以及为我国驻阿使领馆提供协助方面各自发挥着积极而重要的作用。

波斯湾的朋友圈——浙江与阿联酋

浙江与阿联酋共建朋友圈

1991年5月,沙迦酋长苏尔坦对中国进行了友好访问,行程涉及北京、新疆和浙江三个省区市。关于这段经历,苏尔坦在其个人系列传记中进行了详细回忆,在谈到浙江之行时,他对浙江的风物和美景记忆犹新。在书中,他这样记述了自己眼中的浙江和浙江之行:"浙江是中国三个最美省份之一……无论在文化还是经济方面,浙江都堪称最繁荣的地区之一,以生产丝绸、茶叶、大米著称。此外,浙江省还有中国最大的渔场。""我们游览了有名的杭州西湖,西湖以她的独特美景,吸引着众多游人。杭州之行结束时,我对参观过的茶叶博物馆及其馆藏品、对博物馆所在城市的秀丽景色,表示了由衷的赞赏。"[1]

2017年4月初,时任浙江省委书记夏宝龙率领代表团对阿联酋进行友好访问,会见了阿联酋有关方面负责人,出席了系列交流活动,取得丰硕成果。访问期间,浙江省代表团考察了迪拜杰贝·阿里自贸港区,见证了浙江海港集团与迪拜环球港务集团签约仪式。夏宝龙与迪拜环球港务集团董事长苏尔

---

[1]　[阿联酋]苏尔坦·本·穆罕默德·卡西米:《沙迦酋长苏尔坦·本·穆罕默德·卡西米自传》(第四册),侯萍译,江苏凤凰文艺出版社2017年版。

坦·苏莱姆一致表示,愿以签约为契机,实质性推动双方在港口、自贸区、国际商品市场建设等领域的务实合作,实现互利共赢。

2017年9月15日,浙江省委副书记、省长袁家军在杭州会见了阿联酋迪拜环球港务集团董事长兼首席执行官苏尔坦·苏莱姆一行。袁家军对苏莱姆的来访表示欢迎,并希望双方以具体项目为纽带,依托海港、陆港、空港、信息港等重要平台,进一步深化合作,特别是共同建设义乌物流园区,推动省海港集团与迪拜环球港务集团在港口运营、物流开发、港航服务和自贸区建设等方面的务实合作,实现互利共赢。

2018年9月25日—26日,为贯彻落实《浙江省打造"一带一路"枢纽行动计划》,全力推进迪拜站建设,深化浙江与阿联酋的经贸合作,浙江省商务厅会同省内有关部门组织了30余家企业(机构)40余人的商务代表团,随同朱从玖副省长出访阿联酋,实地走访了执御中东公司和迪拜龙城,参加了"一带一路"迪拜站建设启动仪式,拜访了迪拜环球港务集团,举办了"一带一路"迪拜站建设推进会暨浙商投资中东座谈会。朱从玖副省长与迪拜环球港务集团阿联酋区首席执行官穆罕默德·穆阿勒姆等共同出席迪拜站建设启动仪式。双方都表示,希望以此为契机,不断深化浙江与中东地区的贸易投资合作。

2018年3月1日,为响应国家"一带一路"倡议,充分发挥浙江省海洋港口一体化整合后义乌港与宁波舟山港的联动优势,进一步提升义乌与迪拜间的贸易活跃度,浙江省海港集团与迪拜环球港务集团(以下简称迪拜环球)在省人民大会堂签署合作协议,合作打造义乌—迪拜直通仓项目,将迪拜的海关清关服务功能前移,开展全方位的物流合作。义乌作为全球最大的小商品集散中心,销往中东80%的货物都通过迪拜中转到其他国家。迪拜环球是全球第四大码头运营商,负责迪拜杰贝·阿里港的运营。此次浙江省海港集团与迪拜环球强强联合,将开创义乌进出口货物通关新模式,有利于推动义乌乃至全国与中东、非洲、欧洲等国家的商贸合作,更好地服务于国家"一带一路"建设。同时,该项目将为广大贸易商带来多种便利,不仅可以提升通关效率,节省全程物流时间,还能有效降低查验比例和退运风险,对于进一步提高义乌进出口货物的贸易便利化水平,降低企业物流成本,把义乌港打造成为"一带一路"的陆上桥头堡具有重要意义。

阿联酋的浙商朋友圈

改革开放以来,华侨华人的角色多被定位在经济领域,形成一种刻板印象。近年来,中国积极推动侨务公共外交及"一带一路"倡议,努力转变这种情况,华侨华人被视为沟通中国与世界的天然桥梁,随着中外交流的深化,其影响力也快速提升。特别是中国企业加快走出去步伐,客观上要求对投资对象国有清晰认识,而"一带一路"沿线国家的华侨华人因具有丰富的投资经验、了解当地国情民情,加之在当地具有一定的影响力,有着独特的身份定位及资源优势,必将成为"一带一路"建设不可或缺的宝贵资源与力量。

2012 年,世界华商投资促进会发表的资料显示,阿联酋投资的全球 500 强华商企业包括宁波英特赛电子安全设备、汕头市澄海区艳阳春贸易、山东山工机械、浙江兴泰绗缝工艺、太原燃料石化实业、天津四建建筑工程、深圳市亚洲德科、中兴通讯、中国建材装备、重庆城建、绍兴木林森纺织品、嘉兴市鹏翔植绒、嘉善永大螺丝、奉化市乔威服饰、宁波市江北成达色母粒、宁波雅诺丹电气、宁波市北仑华力机械制造、宁波康楠服饰。① 综上可见,华资企业在阿主要活动于基建、能源、贸易、金融和旅游等相关领域,并且已经形成了一定的经济规模,其中浙商企业占据了相当大的比例。

浙商文化作为一种具有鲜明地域特征的商人文化,成为广大华商在商品流通过程中所铸就的一种特殊的文化现象。重利尚义的价值观念,个人自主的文化观念,以小搏大的务实精神,自强不息的人生态度,和气生财的处世态度,诚信为本的商业道德,富而思进的责任意识,是浙商文化的主要内涵。浙商是务实的、讲究实效的,他们注重的不是什么是最好的、最现代的、最高级的,而是什么才是最适合自己的。浙江民营企业的产品、产业和组织形式、规模、管理等制度安排是浙江民营企业在特定的市场环境下自主自发的选择,是市场力量和民间意志博弈的结果。

改革开放以来,随着"义利并重、工商皆本"重商文化观念的进一步发扬光大,浙商形成了一种共同的价值观,这突出表现在各企业创建了各自独特的企业文化。在激烈的市场竞争中,浙商表现出惊人的创造力、凝聚力、承受力和亲和力,在商场上迸发出惊人的精神潜能,就是因为他们普遍重视用企业文化凝聚职工,形成团队力量。浙商在他乡发展,重视人伦价值,讲血缘、地缘,树立"隆帮"精神,凭着自身的团结,守望相助,同舟共济,求得共同生存和发展,也使中华传统文化群体本位得以发扬光大。②

---

① 陈琮渊、黄日涵:《搭桥引路:华人华侨与一带一路》,社会科学文献出版社 2016 年版。

② 章剑鸣:《浙商文化的社会价值》,《探索与争鸣》2006 年第 12 期,第 28—29 页。

　　据统计,仅在阿联酋,就有大大小小数十个浙籍侨团。以迪拜温州商会为例,由陈志远先生牵头成立至今,该商会团体几年来作用明显,有浙商表示,在商会的帮助下温州商人在迪拜的生意越来越好做了。2015 年底,在浙江省外侨办的指导和支持下,阿联酋浙江侨团联合会正式成立,会员包含了阿联酋温州商会、湖州商会、台州商会等 8 个商会,基本涵盖了在阿所有浙江华侨华人社团。这个大侨团是浙江在海外的首个侨团联合组织,不仅成了在阿浙江人抱团发展、合作共赢的"家",更让浙江和浙商的名声传播到更多阿拉伯国家。

　　正如陈志远先生所说,这个联合体,对外要团结合作、抱团发展;对内要充分利用自身优势牵线搭桥,做好内外资源对接,为促进浙商回归,为家乡经济建设贡献力量。① 在商贸服务业上,建筑造型如同一条巨龙的迪拜龙城是中国在海外最大的商品集散贸易中心,龙城的 4000 多个商铺里有 700 多个是浙商的商铺,浙江制造早已融入迪拜人的日常生活。在农业方面,浙企迪拜温超集团沙漠绿色农场尤为亮眼,它从一家小超市做起,经过 10 年时间,一步步发展为集超市、网上商城、茶业、绿色农场、食品进出口贸易为一体的温超集团。②

　　在沙漠中建起繁华都市,阿联酋有让世人瞩目的奇迹,也拥有众多创富故事。在那里的浙商深知一个道理,只有让更多的人获得更好的生活,大家才会走向更远的未来。关于浙商的抱团取暖、团结互助,有一个发生在龙城浙商团体中的故事至今在广大阿联酋华商之间流传。早些年,龙城遭遇了高达 5%—90% 的大幅度涨租情况,同时市场管理部门还强制要求

---

① 　陈佳莹、金梁、白丽媛:《玩一把"三国杀",看看浙商在"一带一路"上有多牛》,http://biz.zjol.com.cn/news/611193.html。

② 　同上。

一些店面改变商铺位置和营销范围。为了维护自己的合法权益,广大浙商决定团结一致、行动起来。通过与当地投资方的积极沟通和奋力维权,最终得到了"租金三年不涨"的承诺并收回改变商户经营范围、强制商户搬迁的决定等。之后,这群善于经营又精诚团结的浙江人还受到了迪拜酋长的接见,在当地一时传为佳话。

从东海之滨到海湾南岸,浙江人辛勤奋斗的脚步永不停歇。千年之前,人们克服丝绸之路沿途的恶劣环境以及印度洋上的狂风暴雨,翻山越岭或远涉重洋,架起一座连接中西方贸易交通的桥梁;20多年前,当浙江商人来到迪拜这个富甲一方却几乎没有任何工业的城市时,发现了这个潜在的巨大市场,他们白手起家,租个柜台或摊位做小生意,定期从国内进口货物,生意日渐兴隆,贸易还做到了周边阿拉伯国家;如今,这群浙江商人合力助推"一带一路"上中国与世界的交流互融和共同进步,创造着一个又一个"沙漠奇迹"。

朋友圈中故事多——阿联酋浙江人物肖像

张俊毅：迪拜按摩椅行业第一人

宽敞热闹的迪拜龙城，常常会出现这样一个身影，步履稳健，神情淡定坚毅，言谈举止中流露出的成熟与练达让人印象深刻，他就是被称为"迪拜按摩椅行业第一人"的现任阿联酋温州商会会长张俊毅。

当年从上海工程技术大学毕业后，张俊毅在家乡温州一家房地产公司从事文秘工作。人们都说处女座的人往往性格特征是恪守本分、不愿意改变现状，但9月份出生的他行事风格却一点也不典型，荣辱不惊的外表下始终涌动着一颗不安分的心。2003年，一次偶然的机遇，张俊毅得到了前往迪拜工作的机会，这令一直"想出去闯一闯"的他很是兴奋，带着对外部世界的向往和憧憬，他毅然辞去工作，踌躇满志地踏上了阿联酋的土地。

可到了迪拜——心目中的"中东的香港"之后，张俊毅却发现自己与这个地方是如此的格格不入，环境完全陌生，语言无法沟通，生活方式无法适应，而且由于刚刚走入社会，缺乏工作经验，在众人面前自己就像一个懵懵懂懂的小学生，一切都要重新归零、从头做起。张俊毅在初到迪拜的前8个月里连续换了6份工作，在市场做过卖玻璃器具的销售员，也在中国超市里当过售货员，这段艰难而又困惑的经历至今令他记忆犹新，但处女座富有韧性、永不言败的品质让他在逆境面前从未想过放弃。告别了初来乍到的生疏，年轻的张俊毅凭借自己敏锐的观察力开始琢磨自己的"最佳商机"。通过两年时间的观察，张俊毅发现迪拜的按摩椅市场是一个空白，而在中东炎热的天气下人们很少出门，生活比较无聊，按摩椅这个产品一方面能给他们带来生活的乐趣，另一方面也能为他们的身体带来健康，于是他断定按摩椅这种产品一定有利可图并有着较大的市场潜力。

想到就立刻行动。虽然创业的路子找到了，但是资金从哪里来呢？张俊毅只好东拼西凑找国内的亲戚借来 10 万元的启动资金，然后在 2005 年赶紧从温州的一家制作工厂订购了 10 多台按摩椅运到迪拜。果然不出他所料，当地人对按摩椅十分感兴趣，10 多台按摩椅很快销售一空。但好消息不胫而走，按摩椅会有赚头的消息在商圈中很快传了开来，很多商家也开始闻风而动。为了抢占市场先机，张俊毅决定下一个大赌注。凭借自己在国内厂家面前的良好信誉以及雄辩的口才，张俊毅不花分文很快从国内进口 10 个集装箱、总价值 400 多万元的按摩椅。谁知造化弄人，当他正指望这一批产品能迅速占领迪拜市场时，按摩椅的销售量却突然下降。那是一段最为难熬的时期，张俊毅心急如焚，于是他开始主动上门寻找买家。功夫不负有心人，经过几个月的努力，10 箱按摩椅全部成功售出。

占领了迪拜市场后，张俊毅逐渐创立了属于自己的品牌——艾利斯特（iRest），他的生意也愈加顺风顺水。除了各种按摩椅产品外，张俊毅还把从按摩垫到印上自己名字拼音缩写"ZJY"的拖鞋等各式各样的配套产品卖到了迪拜。就这样，凭借自己精明的商业头脑和诚信的经营之道，张俊毅的生意越做越大，很快就成了迪拜当地赫赫有名的中国商人。

早在 2010 年时,张俊毅就在中东开设了总计 7 家门店,产品主要销往中东各国,其中总店开在位于迪拜郊区的大型中国商城龙城里。目前,他的公司业务以体育器材和灯具照明为主,艾利斯特按摩椅除了全方位地开拓迪拜市场外,还把市场扩大到卡塔尔、沙特、科威特、巴林、伊朗等周边国家。

回首自己的成功之路,张俊毅认为"迪拜是一个充满活力和机遇的地方",而自己的成绩归功于"勇气和视野"。这位充满自信的温州商人认为自己成功的关键就是不保守,而且具有行动力。"没有什么生意会保证成功,一旦感觉好了,就要向前冲。"这是张俊毅经商的成功之道,同时也是他充满智慧的财富之路的生动写照。

张俊毅的商业才能在社会活动领域同样得到了充分的展现。凭借在阿联酋浙商群体当中不断提升的威望和影响力,2011 年张俊毅被当地温州商人一致推选为阿联酋温州商会会长,并于 2015 年被大家推举为阿联酋浙江侨团联合会执行会长,从此在阿联酋浙江侨界大大小小的活动中,总能看到他矫健而忙碌的身影。自担任阿联酋温州商会会长兼浙江侨团联合会执行会长以来,他同其他浙商侨团负责人合作,不遗余力地将在阿联酋的浙商打造成"凝聚力量,包容和谐"的海外华商群体,他认为"抱团"的基础在于和而不同,"我们一方面通过积极对接当地、国内和省内的经贸活动,整体发声,提升在阿浙商的知名度;另一方面,联合会内部充分沟通各侨团的诉求,进行资源整合,争取合作发展的机会,实现差异化发展、有序竞争"。从微观的角度看,这是社会组织管理的问题;但从宏观的角度看,它关系着在外浙江人的切身利益,更关系到浙江形象、中国形象。张俊毅曾对访问他的国内记者坦言,从单个商会的角度来说,团结兄弟商会、凝聚集体力量的愿望一直以来十分强烈。

　　对于"浙江制造",张俊毅心中始终有着一种油然而生的亲切感,他曾不止一次向来访的媒体自豪地说,迪拜龙城的4000多个商铺里有700多个是浙商的商铺,在很多迪拜人的生活中,小到一根针、一颗纽扣,大到汽车配件、电视机、大理石建材,都是"浙江制造"。

　　在担任阿联酋温州商会会长期间,逢年过节,张俊毅总会牵头组织联谊联欢活动,一解当地浙商的思乡之情。正是在他的发起和组织下,温州市首个以"一带一路"为主题的海外春节文化活动——"'一带一路'温情浓　2018世界温州人春节乡音晚会"在阿联酋迪拜举行,在这台春晚上,温州民谣、鼓词等具有浓郁温州特色的经典节目纷纷献演,袅袅乡音勾起了现场400多位温籍侨胞的浓浓乡情。

　　此外,考虑到在迪拜经商生活的侨胞大多离乡时间长,他还会不定期地邀请中国高校的教师前往迪拜对侨胞进行知识培训,以及举办健康知识讲座。张俊毅不仅把生意经营得风生水起,而且把侨团工作打理得井井有条。

　　2018年习近平主席出访阿联酋,将双边关系提升到新的高度,这令广大浙商看到两国谋求合作共赢,将为在阿联酋的华商提供更为广阔的发展空间,这是难得的历史机遇。对此,张俊毅以阿联酋温州商会会长的身份代表广大温商乃至所有浙商表达了对习主席到访阿联酋的美好期许和对在阿浙商未来发展的良好愿望,希望以习主席的此次访问为契机,发挥温商贸易优势,把更多优质的中国产品带到中东地区。在央视中文国际频道《华人世界》栏目对他进行的访谈中,他满怀信心地表示:希望习近平主席此次出访,能够让中阿两国的经贸往来合作更加频繁,更加紧密,华商在当地的机遇越来越多,前景越来越美好。

陆茜：梦想之花在迪拜绽放

陆茜,80后,祖籍上海的新浙江人,阿联酋迪拜浙江泰达贸易公司总经理。14年前,刚刚走出大学校门的她,手里握着阿拉伯语专业的毕业证书,怀揣着对阿联酋迪拜这座令人心驰神往的中东传奇之都的憧憬和向往,登上西飞的航班,在异国他乡开启了一段追风逐梦的人生之旅。14年的光阴,虽不足以让沧海变成桑田,但多年的异国打拼、风雨兼程,也足以让一个人慢慢完成由蛹成蝶的蜕变,从懵懂青涩的职场新手到熟练老到的生意达人,用磨砺与汗水让梦想之花在迪拜悄然绽放。

本书作者问(以下简称"问"):当初为什么选择到迪拜工作? 是通过什么渠道来到这里的?

陆茜答(以下简称"答"):去迪拜工作主要受到我外公和爸爸的影响,因为他们在20世纪80年代就被外派到利比亚工作,前后6年时间,每次都经过迪拜,对迪拜有很高的评价。我本人在上大学前,就有了出国的目标,毕业后正好赶上迪拜龙城项目启动,经过一家外贸公司招聘,在2004年12月顺利来到了迪拜。

问:之前心目中对迪拜是什么概念? 现实中的迪拜与想象中的迪拜反差大不大?

答:因为从小家里的家用电器,像冰箱、彩电等,都是从迪拜购买的,所以上大学后,到迪拜做进出口贸易就是我的目标。14年的时间证明了现实与想象不仅反差不大,连从小对迪拜的模糊概念,也随着迪拜的发展愈加清晰。

问:能不能比较详细地介绍一下到龙城之前的工作经历? 经历了哪些困难,能不能举一些例子? 有没有想过放弃这里的工作回国? 是如何坚持下来的?

答:我大学毕业是在 2004 年 6 月底,7 月、8 月过了快乐的最后一个暑假后就去了上海,因为我祖籍上海,父母作为知青有政策,可以回迁,当地社区居委会可以给我介绍 3 份工作,如果自己不满意就拿低保,自主择业。9 月我到了上海,经当地派出所和社区介绍,我去了一家德资变压器厂,工资 1500 元带保险。当时住在爷爷奶奶家,有点不习惯,社区附近也没有与专业对口的工作,大概过了一周时间,之前网上投过简历的公司通知我入职,是深圳一家外贸公司,工资 2500 元,管住不管伙食,主要业务是手机出口。我没有得到家人的许可,留了张字条就去了深圳。在深圳一个月,终于等到了去迪拜的机会,我大学同学当时准备去沙特,把我推荐给了一个山西老板,去迪拜龙城开贸易公司,所以 11 月中旬我到了山西,办理好签证后,12 月 17 日作为公司外派的第 11 名员工,我从北京飞抵迪拜,开始了在国外的工作生活。当时龙城刚开业,不仅道路没有全部完工,商场内部也只有主通道边的少数店铺可以正常营业,所以我们公司经考察后在另一个酋长国哈伊马角开了一个1000 平方米的中国风格的家具店。2006 年我成立了自己的第一家贸易公司,主营五金电机,后来以股东身份聘请他人运营至今。2010 年投资了第二家贸易公司,主营自行车,我以股东身份介入,但不参与经营。2014 年,我同海信公司合作开办了第三家贸易公司,主营家用电器,后因海信公司业务发展迅速,我公司服务水平有限,2016 年该公司停止了运营。2015 年的上半年,我基本是在哈伊马角工作,每周返回迪拜。当时生意非常火爆,我回国进货感觉卖什么产品都会是热销产品,与此同时,迪拜的情况刚好相反,大部分进驻的企业都没有交通和网络,生活非常不方便。在 2015 年下半年的时候,很多公司决定撤离,因为一整年都没有客人,好不容易开进来一部出租车还是迷路了来问路的。迪拜从 11 月份开始进入冬季,平均温度在 17 摄氏度左右,是全年最舒服季节的开始。我们当时只能在好季节里自娱自乐,比如打羽毛球、下棋、打扑克牌等,大部分外派的员工都这样来消磨时间,因为要守店,没有业务,公司也不想再投资跑业务,2016 年新年的时候大部分公司选择离开了迪拜。我本人也曾经因为个人问题想过回国发展,但最终因为成立公司的门槛低,国际化程度高而选择了留下。

问:为何最终选择入驻龙城?开始时的经营状况如何?当时整个龙城的发展情况又是如何呢?最辉煌的时期是怎样一种情况?

答:因为一直工作生活在龙城,而且当时很多公司离开,有很好的条件开公司,所以就顺势入驻了龙城。2014 年 12 月开业,到 2015 年 12 月,我们全年营业额 40 迪拉姆。大部分公司都撤了,不缺钱的留下了。2016 年下半年开始,周边国家的人以及来迪拜转机的人,我甚至感觉全世界的人都会来龙城,都知道了龙城,因为我们的销售额每天都在成千百倍地增长,甚至更多。

问:能不能介绍一下你对所认识的浙商有何印象?

答:我身边的企业大多是浙江的,少数来自山东、广东等。也可能因为龙城布局像义乌小商品批发市场,但最主要的是浙商最先走出国门,有很丰富的传统和办法在出口贸易上赚到钱,所以大部分浙商在当地用很短暂的时间就会找到自己的生存方式和生意的方向,并坚守短频快的原则赚到了第一桶金。而且他们的生意眼光十分灵活,能够根据市场形势迅速做出调整和变化,身边的浙商目前所经营的产品都做了很大调整,与初到迪拜时完全不同。

问:目前整个龙城发展情况如何?自己生意如何?和以前

有什么不同？原因是什么？

答：现如今的龙城，经历过世界经济危机和几次的洗牌，更加证明了中国无法替代的世界重要贸易大国的地位。从 2004 年开业，中国就代替了印度成为阿联酋最大的进口国。我在阿 14 年，目前拥有 2 家贸易公司，都交给外籍店铺经理全权打理，自己拿工资。生意现在下滑，相当于 2006 年的交易金额，只能属于维持状态。周边国家都在开中国城，阿曼就有 4 个中国城，沙特 3 个，卡塔尔、科威特、伊朗、巴林都开设了中国城，导致生意分散，迪拜的集中程度没有了优势。

问：能不能介绍一下这么多年你接触到的客户主要来自哪些国家？分别有什么特点？有没有让你印象深刻的可供分享？

答：中东、西亚、北非地区，还有美国、加拿大、巴西、巴布亚新几内亚等，真的是感觉来自全球各地，其中中东、西亚、北非地区需求量很大。让我印象深刻的是，例如广告印刷业，用的是日本的喷墨打印机的机头和美国的软件，在中国合成了户内外打印机，在不要求精确度的喷绘写真中，中国制造成为市场的经典。

问：对于未来是如何规划的？有没有想过回国发展？迪拜让你留恋的地方在哪里呢？

答：未来发展是虚拟与现实的结合，经济都数字化了。在坚持实业的基础上，一直在找新的突破口。我身边有很多朋友回国发展，包括从小在迪拜上学的孩子，今年也响应了政府部门的号召，通过中文考级，参加了中国的高考，以华侨的身份在国内上大学。随之父母也都置换家业，重新开始回国发展。在阿 14 年，我留恋的是各项事业中他们的人性化对待以及城市不断的先进发展。我目前的顾虑主要是 10 岁的孩子，因为一直在国外读书，不知道回国后能否顺利实现对接教育。想回又回不去，有些无奈。

问：对于孩子在国外接受教育，作为妈妈，自己心目中孩子理想的教育模式是怎样的？对于中国传统文化，希望孩子如何进行接受和传承？

答：我女儿出生在迪拜，学前教育阶段是在开心的时光里度过的，6岁之前不仅学会了游泳、滑冰，而且对迪拜的地标、名称都介绍得头头是道，还考出了钢琴的1级。面对中文，她感觉学习难度很大，但是作为中国人，我希望女儿接受更好的中文教育，所以她6岁半在阿完成小学一年级学业后，曾经被我送回了中国上小学。没想到女儿在国内没有新鲜感，由于之前缺乏像国内那样的中文语言环境，所以她感到学校的学习压力比较大，刚入学就被中文老师点名批评，说基础差。为此，孩子非常失落。在国际学校，很难得能把全世界各国的孩子、各种水平、各种语言的孩子放在一起教育。所以，孩子只在国内上了2年学，暑假来迪拜的时候，死活不肯再回去上学，只好作废了回程机票。就这样，她又回到了迪拜上学，留了一级，现在已经五年级，回来后在学校学芭蕾、跆拳道、网球，她的作业都是在学校完成，课外活动也非常丰富。我想孩子能主动学习知识，健康地追求自己的爱好，并在学校老师的专业指导下获得提高，就会成为对社会有贡献的人。我们是中国人，在海外除了学习中文，我们主要通过参加侨办的活动和收看中文电视节目来了解中国的文化，还有就是从假期回到中国的真实生活和感受中去提升汉语水平、了解中国文化。如果有好的网上学习课程，能让孩子对中国文化有更多的了解，我一定会支持。

周玲：阿联酋司法部华人法律翻译第一人

"背起行囊即旅者，放下行囊是吾乡。"用这样一种随遇而安的坦然心态来形容周玲女士的职业生涯轨迹,应当算是贴切的,从出版社编辑到翻译公司经理,从阿联酋司法部翻译到高校阿拉伯语教师,一次次的身份转型与职场变迁,积极、淡定又带有几分洒脱的华丽转身背后,唯一不变的是她对阿拉伯语的痴心之爱以及与这门古老而神奇的东方语言的不解之缘。

周玲,浙江舟山人,尽管对家乡的海鲜情有独钟,但填写高考志愿时还是毅然决然地选择了心仪已久的首都北京。1991年7月从北京外国语大学阿语系毕业后,周玲被分配到中国外文局外文出版社阿拉伯文部从事编辑与翻译工作,一年多后由于工作出色,于1993年1月由单位公派到阿曼工作,本以为是一段带有镀金成分的短暂外派工作经历,没想到却成为常年旅居中东生涯的开始……出国仅半年后,她所在的单位中国外文局实行机构改革和人员分流,外文出版社阿文部成员成为分流对象,令人艳羡的公派人员一夜之间变身为自谋出路的社会自由职业者。身份的落差并没有让生性乐观与好强的她慌乱和沮丧,她开始冷静地思考如何规划接下来的职业与人生。凭借自己在阿曼工作和生活所积累的经验,加上自身过硬的阿拉伯语专业素养,她很快便在阿曼谋得新的工作岗位——在阿曼一家医疗中心从事语言翻译工作,并凭借个人努力和出色的工作表现升任部门经理。工作期间,出于语言工作者的职业敏感性,她发现无论是阿曼还是阿联酋,许多阿拉伯文本资料的来源大多是英语,甚至与中国有关的一些文本资料也是先由中文翻译成英文,再由英文转译成阿拉伯文。这不仅会造成原始文本信息的曲解或丢失,同时也影响了事情处理的进度。特别是在司法领域,她本人就亲身见证过数次在涉及华人的诉讼中由于语言翻译的障碍造成一些中国人受到不公正的待遇甚至重大经济损失。由此,她心中逐渐萌发了考取阿联酋司法部中文—阿拉伯文法律翻译执照的念头。2004 年她正式向阿联酋司法部提交了申请,经过漫长的等待,直到 2007 年她才收到阿联酋官方的面试通知。在经过三轮严格的面试考核之后,她最终顺利获得阿联酋司法部颁发的中文—阿拉伯文法律翻译执照,并成为阿联酋司法部注册的华人翻译第一人,由此开启了一段新的职业旅程。谈到这段经历,周玲至今记忆犹新,当时的她只是抱着试试看的心态,因为在当时的她看来,一个非阿联酋国籍、非穆斯林的女性申请人,获得政府级的司法翻译执照实在是没有多少胜算,但最终阿联酋官方完全从专业资质出发摒弃信仰和性别因素的务实态度令她不胜感慨。

获得司法翻译资格之后,周玲并没有急于拓展业务,而是抱着学习和锻炼的心态挂靠在一家约旦人开办的翻译公司从事文本翻译工作,开阔视野的同时,她的业务水平也由此得到进一步提升。2009 年 7 月,她注册成立了名为"阿联酋新一代商务 & 法律服务中心"的翻译公司,正式进入以阿拉伯语语言服务为主营业务的独立创业时期。公司主要从事阿拉伯语口译服务、笔译服务、司法翻译服务、政府间合作沟通服务以及商务考察一站式服务等业务,凭借过硬的业务水平和在阿联酋司法领域的良好口碑,公司业务顺风顺水并很快进入正轨,先后为迪拜国际电影节、阿布扎比城市论坛、阿布扎比仲裁委员会、中国广交会、中国义乌迪拜推介会等大型国际活动或重要场合提供翻译服务。特别是在司法翻译领域,她先后成为迪拜检察院、迪拜警察总局以及迪拜经济发展局的特聘翻译,同时受邀成为阿布扎比司法局考核中阿文译员四人委员会中唯一的中国委员以及迪拜法院考核中阿文译员的资格审核者。

从事司法翻译,不仅延长了她的生活半径,也让她对语言翻译这项工作的价值和意义有了更为深刻的认识。在她接触过的众多诉讼中,有一件事情让她记忆深刻。当年,有一个来自江苏启东的建筑工人在迪拜遭遇车祸去世,迪拜的保险公司需要赔付死者家属 14 万迪拉姆的保险金。当死者家属拿着在国内做好的中文和英文的公证书来到迪拜后,却因为在从英文翻译到阿文的过程中,没有把领取赔偿金的关键语句翻译出来而无法领到赔偿金。后来通过和法官沟通,说服法官撤销之前的英阿翻译,采用了周玲直接从中文翻译为阿文的翻译文书,事情才出现转机。但后来出于阿联酋当地法律规定等多种原因,赔偿金的领取一波三折,周玲一直从中帮忙斡旋并免费为死者家属提供语言翻译服务,甚至将自己的护照抵押在法院才使得死者家属最终全额领到赔偿金回国。这件事让周玲深深地感受到,语言翻译绝不仅仅是单纯的文字转换,更多是责任的担当与良知的付出,这同时也让她更加坚定了终身投身语言事业的信心和决心。

随着在语言翻译领域的不断深耕,她的内心又萌生出新的想法,那就是攻读更高的学位,提升自身语言方面的理论水平。一次机缘巧合,在 2012 年,40 多岁的她拿到了北京第二外国语学院在职研究生的录取通知书,从此开始了往返于迪拜、北京的空中飞人生活。功夫不负有心人,三年后顺利获得研究生学位证书。值得一提的是,在全班 12 名申请者中,最终只有 2 人当年获得该项文凭。

2014 年,周玲的职业生涯再次面临新的选择:浙江工商大学新设阿拉伯语专业,因为师资需要,向身在阿联酋的她抛出了纳贤的橄榄枝。一边是自己情有独钟的阿拉伯语专业执教生涯的召唤,一边是国外稳定的事业、优渥的条件和幸福的家庭生活,一向果敢坚定的周玲陷入了难以抉择的两难困境。最终她还是遵从了自己随性而行的一贯风格,告别家人和熟悉的环境,毅然登上归国的航班,踏上高校阿语教师这一新的职业生涯之旅。回忆起当初的选择,她坦言,当时没有考虑太多,完全是出于对阿拉伯语事业的热爱和投身培育阿拉伯语人才的激情。

作为妻子和母亲,每每谈及自己的选择,对于先生的理解和支持她表示由衷的感动,同时对于自己回国发展时正在迪拜读初中的儿子,她难掩心中的不舍和歉疚。

2015年,怀揣着对家人的不舍以及对未来从教之路的期许和不安,周玲正式入职浙江工商大学并成为该校外国语学院阿拉伯语系的第一任系主任。工作中,她全心投入阿拉伯语的专业建设、人才培养当中,并于2018年当选教育部外语教学指导委员会阿拉伯语分委员会委员。多年的国外生活和语言翻译实践的历练所形成的高于常人的职业敏感度,使她在阿语专业学生语言应用能力的培养方面有着独到的见解和方法。值得一提的是,周玲还努力促成了浙江工商大学同阿联酋沙迦遗产研究院的全方位合作,并在沙迦遗产研究院设立中国文化交流中心,使中国成为世界上继英国、法国和意大利之后第四个在沙迦设立文化交流中心的国家。多年旅外经历,使得周玲更加以促进中外文化交流为己任,在学校内开设"阿拉伯文化掠影"通识课,并且广受学生好评。寒暑假回到阿联酋后,开始忙于接洽和阿联酋的对接事务。她是阿联酋沙迦政府正式授权的沙迦国际遗产奖中华区唯一推荐人和协调人。经她举荐,2018年度有两位非物质文化遗产传承人和研究人首次获得有非物质文化遗产诺贝尔奖之称的沙迦遗产奖。

印度文豪泰戈尔的散文《人生旅途》中有这样一段文字:"拂晓,满心喜悦动身的旅人,前往远方,要走很长的路。沿途没有他们的爱,他们走不完漫长的路。因为他们爱路,迈出每一步都感到快慰，不停地向前；也因为他们爱路，他们舍不得走，腿抬不起来，走一步便产生错觉；已经获得的大概今后再也得不到了。然而朝前走又忘掉这些，走一步消除一份忧愁。开初他们啜泣是因为惶恐，除此别无缘由。"

无论是身在阿联酋的旅中人，还是回归国内的途上客，周玲始终坚定地表示，她愿意接受那盏心中的阿拉丁神灯带给她所有的好与不好，并且她愿意放下一切去追寻内心的方向，正如她自己所说："命运的归命运，自己的归自己。"

毛一鸣：原创不辍的浙江"迪拜人"

收看过央视中文国际频道节目《远方的家》阿联酋专辑的朋友是否还记得，节目中有一位戴着宽边眼镜、长着一颗虎牙、谈吐随和、气质儒雅的年轻人陪同主持人遍访迪拜的传统市场、阿拉伯餐厅，并且对阿拉伯文化颇有研究，对当地美食如数家珍？没错，就是他，"迪拜人"传媒经理及主编、人称"站长"的毛一鸣。

这个在迪拜生活近 10 年的年轻人是土生土长的杭州人。2008 年大学毕业后，他在一家网络游戏公司从事游戏策划的工作，但公司经营不善，随时面临倒闭的风险，于是他开始另谋出路。刚好一个亲戚的朋友在迪拜做媒体，需要一个杂志排版人员，问他要不要去。出于自己对国外生活的好奇，同时也考虑到男生出去闯荡能让自己提升比较快，加上对迪拜这座"传奇"城市的向往，他基本没怎么犹豫就答应了下来。于是机缘巧合下，他只身来到迪拜，人生轨迹就此与迪拜这座城市息息相关。

初到迪拜时的失落与困窘至今令毛一鸣记忆犹新："可以说我对迪拜的第一印象和我脑海中的那个奢华迪拜有着巨大的落差，相信这也是当年许多刚来迪拜工作的华人的共识……

为我安排的住处周遭又脏又乱，屋子也格外老旧，不仅没有一个人享有一间的干净卧室，还得和四个陌生人挤在一个乱糟糟的房间里。由于凌晨抵达，室友都睡了，我连他们的样貌也不知道，稀里糊涂就成了他们中的一员，当夜感慨万千，丝毫没有睡意。"1985年出生的他生肖属牛，正是凭着一股不撞南墙不回头的牛劲，他没有像其他同行的伙伴一样逃离迪拜，而是最终坚持了下来。

　　毛一鸣来到迪拜的第一份工作就是在本地的资深华人媒体《华人时报》上班，从此与大众传媒结下了不解之缘。据他自己说，他很庆幸自己在迪拜的第一份工作是媒体，因为媒体工作资讯比较集中，要与各行各业的人打交道，本地的各种活动，他们也常常受到邀请，这一切都让他迅速地了解本地的方方面面，使他得以更为客观全面地了解迪拜以及在这座城市生活打拼的各界华人。

　　"迪拜真的没有想象的那么好。"当时他常常向国内的朋友吐槽这里不遂人意的生活，但另一方面，完全不同的生活方式、文化习俗和无数新鲜事物又令他兴奋而痴迷。得益于媒体工作的近水楼台，他以飞快的速度学习和了解这座城市、习惯这座城市，并慢慢积累、沉淀和思考自己在这里的所见所闻。

　　当时在互联网上所展现的迪拜基本上就是以"奢华""日新月异"为标签的旅游信息，几乎找不到在迪拜生活的华人故事和文字，而在迪拜"旅游"和在迪拜"生活"，是两种完全不同的体验。"互联网上只给你看了其中的一面，却收起了它的另一面。"他觉得自己有必要为人们展现一个不同但真实的迪拜，消除其中的误会，让那些准备来迪拜工作的华人朋友在来之前就了解在迪拜生活可能会是什么样子，在来之前就做好一些心理准备。

创办"迪拜人"网站的想法由此萌生。结合在媒体工作的经验支持和内容积累，加上大学时期学到的网站建设知识，2009 年 10 月，"迪拜人"网站应运而生。当时"迪拜人"只是以见闻和推荐为主的个人博客，之后慢慢得到了许多迪拜华人的共鸣和喜爱，毛一鸣由此受到了莫大的鼓舞，便激发出更多热情去发现生活和投入写作。

说到创建网站的初衷，他坦言，当初建立网站没有考虑过营利问题，因为大学时候就玩博客，自己建站的时候也只是当作博客在经营。同时自己本身就是一个比较喜欢分享信息和知识的人，做博客也好，现在做媒体也好，都是因为喜欢把自己的所知分享出去。由于当时没有人打造基于本地生活的媒体平台，而且写的内容都是独家，所以网站挺快受到大家的认可和反馈，一直有新读者加入，数据也越来越好，同时也有很多读者开始找到他，与他互动，反而给了他更多写作素材，直到现在"迪拜人"的粉丝和读者还是在持续上涨中。

无欲则刚，也正是基于这种带有公益成分的原创写作，网站的整个维护始终是正向的，于是他一直能够保持平和的心态，没有太多焦虑或担心，而且通过网站，他结识了不同的人，拥有了更多朋友。

随着读者群的不断扩大和业务量的逐渐增加，在"迪拜人"网站基础上，2012 年毛一鸣与他人合作将"迪拜人"网站公司化，2014 年《迪拜人》杂志创刊，"迪拜人"微信公众平台成立，转型为综合性传媒公司。目前，"迪拜人"传媒旗下拥有一个网站、一本杂志和一个微信公众号，这也是当下许多华文媒体的主流配置。

关于"迪拜人"的运营情况，单从媒体角度横向对比来说，"迪拜人"的业务量和影响力在业内是名列前茅的，但同时也在积极转型，他们已经把业务从广告发散到整个营销环节，以前以广告作为主要营销环节，现在更多的是做方案、做定制、做打包的服务，这也让"迪拜人"传媒面临更多新的挑战。与此同时，他们也在积极开拓华人以外的本地市场以及中国大陆的华人市场。

那么在迪拜的华人媒体境况如何呢？实际上，迪拜华文媒体的环境并不太好，可以说是在夹缝中求生存。后来在参加国侨办举办的"海外华文媒体研修班"时，通过与其他海外华文传媒的同行接触，毛一鸣发现似乎全世界的海外华文媒体处境都不太好。这是因为海外华文媒体是一个比较边缘化的产物，相比国内主流媒体是非主流，相比本地外国媒体也是非主流，作为一个在夹缝中生存的行业，必定会遇到很多困难和挫折。

迪拜华人的发展时间比较短，多数华文媒体至今依然是以小作坊的形式在经营，早期迪拜的华文媒体基本就是新闻的搬运工，东拼西凑做成报纸、杂志发行。而"迪拜人"网站的内容一直以原创为主并以此作为网站的特色与立身之本，近几年迪拜华文媒体的原创内容也开始逐渐涌现并不断增多。当然，同拿来主义相比，坚持原创会面临更多的困难和压力。

作为资深的海外华文媒体人，他对迪拜华文媒体的困境与挑战做出如下分析和总结：一是 2009 年后经济下行，海外媒体主要营收是商业广告，客户预算缩水了，预算跟不上，业绩就下来了；二是媒体行业的竞争越来越激烈，新的华文媒体如雨后春笋般冒出来，高峰时迪拜同时有十几家华文媒体，之后演变成价格战，让广告价格和媒体价值一路下滑；三是新媒体的冲击，令许多传统媒体一下子失去了竞争力。所以现在的环境是，靠纯媒体已经很难赚到钱，大部分媒体都有自己的副业（甚至可以说媒体才是副业），比如旅游、投资、活动等，然后靠副业的收入反哺媒体。尽管如此，毛一鸣仍坚定地认为，做太多媒体以外的事就很难把媒体做好，因此"迪拜人"传媒目前还是以纯媒体形式在坚持并依然坚持原创至上的创作原则。

做内容需要付出更多的压力成本，而压力主要来自写作频率和话题不足。以微信公众号为例，"迪拜人"微信公众号几乎是日更，每天都要有内容出来，尤其是置顶的内容，必须符合实用、有趣和高质量原则。而迪拜本身的话题和新闻相对有限，优质的话题写一个少一个，何况由于已经写了那么多年的相关话题，他们被迫需要不断地发现新亮点、新话题，同时提高写作效率，这些都是压力的来源。

迪拜到底是个怎样的城市？毛一鸣有着自己独到的看法，在他眼中，迪拜就是一个普通的大城市。它有奢华的部分，也有苦难的部分，它的奢华是真的，它的苦难也是真的，但人们若是咬住它的其中一面不放，就无法看清这座城市的全部面貌。与世界上大多数城市相同，迪拜所拥有的，更多的是生活平凡的一面。作为一个媒体人，他最想传达的也正是一个真实多元且平凡的迪拜。同时他认为，伊斯兰底色衬托多元化政策，让迪拜变得有趣且与众不同，两者和谐地包裹在一起，相得益彰，这正是迪拜极具包容性的魅力所在。"我们可以在沙滩看到金发碧眼的比基尼美女，也可以看到包裹得严严实实的阿拉伯妇女；我们可以在洋气五星级酒店的露台喝一杯冰镇啤酒，也可以随着阿拉伯音乐去沙漠里风驰电掣；我们可以去看一场百老汇的演出，而不远处清真寺的宣礼声正在回响……这可谓文化对冲下擦出的美丽火花！"因此，对于准备来迪拜生活的华人，他建议首先要保持一个良好的心态，理解迪拜是一个普通的城市，不要高估它，也不要低估它。至少这里是一个相对公平的社会，努力和坚持这两个有点俗套的词用在迪拜还是可以看到回报的。

　　作为一名在迪拜创业多年的杭州人,在毛一鸣心目中,对两座无论自然与人文还是气质与理念都迥然不同的城市有着自己的感悟。在他看来,迪拜一直体现的是自由、包容、多元化,而杭州给人更多的是创新、智慧、文艺,两座城市的特质可以实现互补。迪拜在智慧城市的打造方面可以多学习杭州的城市互联网模式,而杭州可以向迪拜学习开放性,让更多的文化在本地进行交融。

　　谈到移民子女的教育问题,已为人父的毛一鸣对于女儿有着自己的教育观。虽然迪拜的国际学校口碑不错,但他还是希望孩子能接受中国的教育,并已经做好让孩子回国接受教育的准备。在他看来,在哪里读书就会吸收哪里的文化,他更希望孩子拥有一个原装的"中文系统",能够更好地接受中国文化和人文底蕴。

后　　记

　　造访阿联酋时,正值中国的"三九隆冬"时期,然而彼时的阿联酋,没有国内江南的连绵阴雨和沁骨湿寒,更没有北方的漫天飞雪与寒风凛冽,而是终日艳阳当头、和暖温润,有时甚至"热"情过度,让人错觉夏天将不期而至,单单这独特的气候便足以让人对阿联酋之行记忆犹新。

　　在阿布扎比,法拉利主题公园外星飞碟造型的红色顶棚下,当驾驶赛车的人们在马达的轰鸣声中风驰电掣、血脉偾张地体会速度与激情带来的快感时,在城市的另一端,扎耶德清真寺汉白玉包裹的纯色穹顶之下,肃穆的信众则伴随着悠扬的宣礼声声追寻着内心的虔诚和涤净;在迪拜,当站在棕榈岛上的波斯湾海滩,静观眼前如宝石般碧蓝如洗的海面上偶有古老的独桅帆船缓缓驶过时,身后七星级的亚特兰蒂斯酒店则人声鼎沸、游人如织;而在沙迦,当伊斯兰文化博物馆内的游人沿着跨越千年的历史之河完成一段难忘的伊斯兰历史文化之旅后,静静地走出色调雅致的木门时,不远处的火车头传统市场则用它熙攘的人群和不绝于耳的叫卖声提醒着人们阳春白雪的沙迦也有着自古而来的商业传统和浓浓的烟火气息。

　　这就是阿联酋,一个充满活力而又令人好奇的年轻国度,低调与张扬、传统与现代、信仰与务实、开放与坚守,一个个看似矛盾的存在,在这片荒漠与蓝海相伴而生的土地上始终如影随形、和谐共生。其实,这正是阿联酋人世代相传的生存智慧,那就是在国家发展过程中始终通过在政治、经济、社会、文化等各领域寻求平衡的支点来实现人民的福祉与国家的繁荣：在炎热干燥的沙漠环境中打造绿树成荫、芳草成坪的优越居所来实现环境的平衡；通过"协商政治"实现联邦权力和酋长国自治的政治平衡；大力发展多元经济、实现资源型经济与可持续发展的经济平衡；在恪守伊斯兰宗教信仰的同时坦然接受现代文明成果从而实现社会生活的平衡……而支撑这种国家平衡发展理念的则是阿联酋国家领导人基于乐观与宽容的平衡治国理念，正如阿联酋副总统、迪拜酋长穆罕默德·本·拉希德·阿勒马克图姆所说："积极的政治将追求利益与道德和原则结合在一起……并不是所有的人都可以相互同意，因为差异是人类之间的现状。真主就是这样创造我们的。但我们可以交流沟通，我们可以创造利益，我们当然也可以协定一种共存的方式。"[①]"气候、沙漠、沙滩、大海都催生不了发展。谁催生的发展呢？人。成功的秘诀在于：在发挥人的能力，利用沙漠、海洋、海湾和沙滩以创造独特的文明经验等方面达到理想的平衡。"[②]正是这种务实求真的发展理念，使得阿联酋这片看似贫瘠的土地上孕生出无限的活力与生机，让阿联酋这颗七珍镶嵌的海湾明珠，在全球化浪潮的冲涤下历经磨砺、熠熠生辉。

2019 年 10 月

---

①　［阿联酋］穆罕默德·本·拉希德·阿勒马克图姆：《关于幸福和乐观的思考》，探险家出版社（阿联酋）2017 年版。

②　［阿联酋］穆罕默德·本·拉希德·阿勒马克图姆：《我的构想——迎接挑战，追求卓越》，张宏、薛庆国等译，外语教学与研究出版社2007 年版。